日本語と華語の対訳で読む台湾原住民の神話と伝説

アミ族
プユマ族
タオ族
パイワン族
ルカイ族

上巻

原書企画：孫大川 Pa'labang
林初梅／編
古川裕・林初梅／監訳

三元社

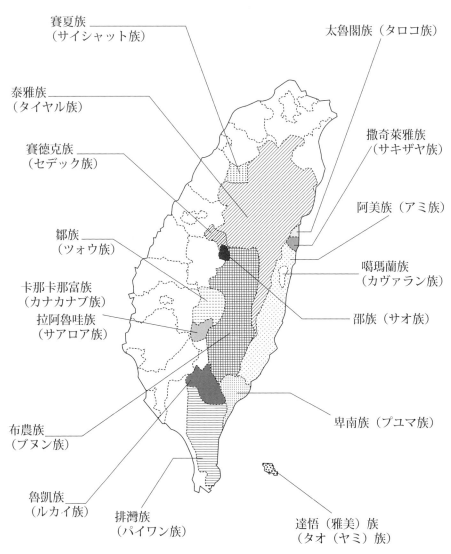

台湾原住民分布図

目次（上巻）

まえがき　7

1. アミ族：巨人アラガガイ
第1話：田植えをするコマ　20
第2話：海の神様の嫁とり物語　23
第3話：巨人アラガガイ　25
第4話：女性の国の探検記　28
第5話：蟹男の秘密　31

1. 阿美族：巨人阿里嘎該
第1話：種田的陀螺　36
第2話：海神娶親　38
第3話：巨人阿里嘎該　40
第4話：女人國歷險記　43
第5話：螃蟹人的秘密　46

2. プユマ族：神秘的な月形の石柱
第1話：都蘭山ふもとのプユマ　50
第2話：神秘的な月形の石柱　54
第3話：海への感謝祭の由来　59

2. 卑南族：神秘的月形石柱
第1話：都蘭山下的普悠瑪　64
第2話：神秘的月形石柱　67
第3話：感恩海祭的由來　71

3. タオ族：トビウオの神
第1話：竹生人と石生人　78
第2話：トビウオの神　81
第3話：タオ族の木船　84
第4話：木の下の男の子　88

3. 達悟族：飛魚之神
第1話：竹生人和石生人　94
第2話：飛魚之神　97

3

第 3 話：達悟拼板舟　99
第 4 話：林投樹下的男孩　102

4.　パイワン族：パリの赤い目

第 1 話：パリの赤い目　108
第 2 話：頭目の話　113
第 3 話：ブランコの恋物語　122

4.　排灣族：巴里的紅眼睛

第 1 話：巴里的紅眼睛　130
第 2 話：頭目的故事　134
第 3 話：盪鞦韆的愛情故事　141

5.　ルカイ族：愛情深いバレン

第 1 話：美しいムアカイカイ　148
第 2 話：雲豹のシラミ頭家族　153
第 3 話：カバリヴァン　158
第 4 話：愛情深いバレン　161

5.　魯凱族：多情的巴嫩姑娘

第 1 話：美麗的慕阿凱凱　168
第 2 話：雲豹的頭蝨家族　172
第 3 話：卡巴哩彎　176
第 4 話：多情的巴嫩姑娘　178

附録 1：台湾華語単語リスト　182
附録 2：注音字母と漢語ピンインの対照表　202

目次（下巻）

まえがき

6. **ブヌン族：月との約束**
   第1話：月との約束
   第2話：ブヌン族の女・アダル
   第3話：憤慨した百歩蛇
   第4話：狩人の信仰

6. 布農族：與月亮的約定
   第1話：與月亮的約定
   第2話：布農之女阿朵兒
   第3話：憤怒的百步蛇
   第4話：獵人的信仰

7. **サオ族：日月潭の長髪妖精**
   第1話：白鹿物語
   第2話：長いしっぽの小人
   第3話：日月潭の長髪妖精
   第4話：黒と白の双子と祖先の「弔い箱」
   第5話：パリカズの木

7. 邵族：日月潭的長髮精怪
   第1話：白鹿傳奇
   第2話：長尾巴的小矮人
   第3話：日月潭的長髮精怪
   第4話：黑白孿生子和祖靈籃
   第5話：大茄苳

8. **ツオウ族：イノシシの復讐**
   第1話：折れた矢の約束
   第2話：イノシシの復讐
   第3話：忘れられた祭典

8. 鄒族：復仇的山豬
   第1話：折箭之約
   第2話：復仇的山豬
   第3話：被遺忘的祭典

9. **サイシャット族：パスタアイの伝説**
   第1話：白髪老人の予言
   第2話：サイシャット族にやってきた雷女
   第3話：パスタアイの伝説

9. 賽夏族：巴斯達隘傳説
    第1話：白髮老人的預言
    第2話：雷女下凡
    第3話：巴斯達隘傳説

10. **タイヤル族：虹の裁き**
    第1話：巨大な石の物語
    第2話：不思議な呼び寄せ法
    第3話：虹の裁き

10. 泰雅族：彩虹橋的審判
    第1話：巨石傳説
    第2話：神奇的呼喚術
    第3話：彩虹橋的審判

附録1：台湾華語単語リスト
附録2：注音字母と漢語ピンインの対照表

まえがき

編者：林 初梅

　台湾は東アジア、日本の南方に位置し、四大エスニック集団（閩南人、客家人、原住民族、外省人）が居住しており、日本の九州ほどの面積を持つ。そのうちの原住民族は人口約55万人、台湾総人口の2%を占めている。人口比では少ないが、漢民族の台湾移住よりはるかに昔から台湾に居住しているため、現在、原住民族の言語文化は台湾を代表するシンボルとなっている。そしてまた台湾の文化を多元的かつ豊かにしている重要なファクターであるとも捉えられている。

　目下、政府に原住民族と認定されている民族は16族ある。内訳は、日本統治時代から認められていた9族（アミ族、タイヤル族、パイワン族、ブヌン族、プユマ族、ルカイ族、ツォウ族、サイシャット族、タオ（ヤミ）族）、及び2001年以降政府に認定された7族（サオ族、カヴァラン族、タロコ族、サキザヤ族、セデック族、カナカナブ族、サアロア族）である。16族は、漢民族であるほかの三大エスニック集団と異なり、南島語系民族に属しており、それぞれ独自の文化・言語・慣習・社会規範を有している。本書で取り上げるのはそのうちの10族である。ここで原住民委員会のホームページ

　https://www.apc.gov.tw/portal/docList.html?CID=6726E5B80C8822F9

　https://www.apc.gov.tw/portal/cateInfo.html?CID=8F19BF08AE220D65

　（2019年4月10日閲覧）で公開されている資料に基づき、その10族の居住地域、人口、文化的な特徴を簡単に紹介する。

アミ族　　　　　　　　　　　　　写真は山海文化雑誌提供

アミ族

　居住地域は花蓮、台東周辺の縦谷及び太平洋沿岸の平野部である。その多くは太平洋沿いの平地に集落を構えている。人口は210,839人（2018年12月の調査による。以下同様）であり、台湾原住民の中で一番多い人口規模を持つ民族集団である。代表的な行事は豊作を祝う豊年祭である。神様への感謝の気持ちを込めて踊ったり、歌ったりして、各地で毎年盛大に行われている。アミ族からは歌手、芸能人、スポーツ選手、教育者、政治家が輩出している。日本で活躍している野球選手・陽岱剛もアミ族である。

プユマ族

　プユマ族は多民族が混在する花東縦谷南部の平原地帯に居住している。昔から異文化に接触する機会があったにもかかわらず、伝統的な風習と生活を守り続けている。収穫祭など様々な行事が行われるが、最も盛大なのは「年祭」である。年祭には、少年集会所による「猿祭」と成人集会所に

プユマ族　　　　　　　　　　　写真は山海文化雑誌提供

よる「大猟祭」の二つがあり、毎年の年末から翌年1月初めにかけて賑わっている。百ヘクタールの広さを誇るプユマ遺跡（現在の台東新駅の裏側）も注目に値する。発見は早く日本統治時代だが、1980年代に入って、大量の土器、石器等が発掘されたため、国内外から注目を浴び、2001年に国立台湾史前文化博物館が設立された。人口は14,321人である。有名な歌手・張恵妹もプユマ族の出身である。

タオ族

　ヤミ族ともいう。台湾原住民のなかで唯一島嶼に居住する民族集団である。居住地域は台湾南東沖の島・蘭嶼であり、6つの集落から構成される。タオ族にとってトビウオは大切な食べ物であり、また祭典に関連する重要なキーワードでもある。例えば、招魚祭（meyvanwa）、トビウオ保存祭（mamoka）、終食祭（manoyoyoyon）などの祭りがある。人口は4,624人である。

パイワン族　　　　　　　　　　　写真は山海文化雑誌提供

パイワン族

　パイワン族は、屏東県と台東県の二県にまたがる台湾南部一帯に居住しており、その範囲は、北は大武山地から南は恆春まで、西は隘寮から東は太麻里までとなっている。厳しい階級制度が文化の特徴として知られ、政治、婚姻、宗教及び芸術の全ての面においてその制度が貫かれている。毎年粟を収穫した後、精霊に感謝する収穫祭が行われるが、五年に一度の「五年祭」が有名である。また陶壺、青銅刀、瑠璃珠の三つは「パイワン三宝」といわれ、よく知られている。人口は 101,400 人である。

ルカイ族

　高雄県茂林郷、屏東県霧台郷、台東県東興村などの地域に分布している。ルカイ族にとって百合の花は神聖かつ純潔なもので、勇気、尊厳などを意味し、ルカイ族花とされている。そのため、百合の花でデザインされた装飾は極めて文化価値の高いものと見なされている。粟の栽培が多く、粟の

ブヌン族　　　　　　　　　　　　　写真は山海文化雑誌提供

収穫祭が最も重要な祭典である。人口は 13,383 人である。

ブヌン族

　ブヌン族は海抜 1,000〜1,200 メートルの中央山脈の山岳部に分布している。南投県を中心に居住し、その他に高雄県那瑪夏区、台東県海端郷などにも居住している。台湾原住民の中で最も海抜の高い地域に住む民族といわれている。狩猟の収穫を祈願する「射耳祭」(malahodaigian) が代表的な祭りで、毎年盛大に行われる。農業祭祀では粟の収穫を祈願する歌 (pasibutbut) が有名で、世界的に知られている。人口は約 58,823 人である。

サオ族

　サオ族は南投県魚池郷、及び水里郷一帯に分布しており、ほとんどは日月潭湖畔の日月村に居住している。祭祀活動には旧暦3月の種まき祭、旧暦7月の狩猟祭、旧暦8月の祖霊祭などがあり、そのうち祖霊祭が最も盛大である。人口は 794 人である。民族的にかつてツォウ族に分類さ

れていたが、言語文化の差異によって 10 番目の民族として政府に認定を
申請し、2001 年から一つの民族とされてサオ族となった。

ツォウ族

　主に嘉義県阿里山の中高海抜地帯に居住している。そのほか南投県信義
郷にも分布している。祭祀活動には、神へ感謝する粟の収穫祭（homeyaya）
と戦功を顕彰する凱旋祭（mayasvi）とがある。社会構成はいくつかの
「小社」から一つの「大社」が組織されるような特徴がある。「大社」には
男子集会所が設けられており、それが部族内の宗教・政治・経済活動に関
する事を討議する場所である。人口は 6,663 人である。

サイシャット族

　居住地は新竹県と苗栗県の県境山地一帯となっているが、さらに二つの
グループに分かれている。北サイシャットは新竹県の五峰郷に、南サイ
シャットは苗栗県南庄郷と獅潭郷に居住している。信仰と祭祀活動として
先祖の霊と小人の霊を祀る祭典が行われている。パスタアイ矮霊祭が最も
代表的な祭りで、よく知られている。人口は 6,655 人である。

タイヤル族

　台湾原住民の中で 2 番目に多い 90,788 人の人口規模を持つ民族集団で
ある。居住地域は台湾の北部から中部にかけての広い範囲の山岳地帯であ
る。赤と白を基調とした民族衣装を身にまとっていたが、現在では祭礼の
時や観光地などで観光客向けに身に着ける程度である。またかつて男性は
額と顎、女性は両頬に刺青を施していたが、日本統治時代に禁止され、根
絶された。「ガガ」（gaga）という先祖からの訓示を固く守っており、祖
霊祭が代表的な祭りである。

　以上述べてきたように、台湾原住民族は漢民族と異なり、それぞれ南島

語系に属する独自な言語文化の特徴をもっている。しかし、1990年代までの台湾は国語至上の教育政策がとられていた。そのため漢民族化が進み、その独自の言語及び伝統文化は消滅の危機に直面していた。言語文化復興運動が積極的に行われなければ、やがて消失してしまう可能性があると危惧される状況であった。

このような状況は1990年代に入ってからようやく変化が現れ始めた。それは台湾社会の民主化に伴う教育改革が行われ、各民族も様々な言語文化復興運動に取り組むようになったからである。政府の奨励によって行われた事業もあれば、民間で自主的に企画されたものもある。例えば、2006年、新自然主義・幸福緑光出版社によって出版された『台湾原住民的神話与伝説』（1セット10冊）もその取り組みの一つである。本書収録の台湾華語（中国語）文は、それに収録されたものである。

10冊に及ぶ同書は子供向けの絵本であるが、代々語り伝えられてきたアミ族、タイヤル族、パイワン族、ブヌン族、プユマ族、ルカイ族、ツォウ族、サイシャット族、タオ（ヤミ）族、及びサオ族の10族の神話と伝説が台湾華語で収録されている。

台湾華語と英語の対訳で刊行された点も同書の特色の一つである。同書の出版によって台湾原住民の言語文化の伝播に新しい息が吹き込まれたと言ってよい。この出版によって、台湾華語で育った原住民の若い世代に文化が継承されるだけでなく、ほかのエスニック集団及び外国人の台湾原住民に対する理解も一層促進されるのではないかと思われる。そのような文化伝播の意義に鑑みて、編者もまた日本人向けに同書の翻訳を刊行することを試みたのである。そこで生まれたのが本書である。一人でも多くの方の台湾原住民理解の一助となれば幸いである。

本書は台湾文化部（翻訳出版助成）と台湾教育部（台湾研究講座研究助成）の出版助成を得て出版されたが、多くの方々の助力を得て出版することが可能になった。大阪大学言語文化研究科の古川裕教授と中田聡美講師には、忙しい合間を縫って、翻訳から単語リストの作成まで引き受けていただい

た。注音字母のルビ振りと説明については、張瑜庭（台湾師範大学国語センター非常勤講師）、吉田真悟（上智大学非常勤講師）からも助力を頂いた。また台湾国立政治大学民族学系の王雅萍教授には、原書を発行した出版社の紹介、翻訳出版の許諾、写真の提供まで多方面にわたりお世話になった。勿論、三元社の石田俊二社長のご理解と全面的なバックアップがなければ、本書は世を問うことができなかった。

　原書との照合を含む校正という地道な作業は、留学生たちが担ってくれた。メンバーは以下の通りである。

・大阪大学大学院言語文化研究科言語文化専攻博士課程　呉素汝（2019年3月博士学位取得）
・大阪大学大学院文学研究科博士課程　林姿瑩（2019年3月博士学位取得）
・大阪大学言語文化研究科日本語・日本文化専攻修士課程　李珮瑄
・台湾師範大学華語文教学系修士課程　張雅婷（2018年10月〜2019年7月大阪大学交換留学）

　そして大阪大学外国語学部中国語専攻の学生たちにも感謝したい。学生たちが台湾原住民の昔話に関心を持ったことから、授業で一緒に原書を講読することになり、さらには翻訳を試みたのである。その経験が本書の構成・訳文・単語表に反映されている。メンバーは以下の通りである。

・浦野晴菜、美濃部友絵（2017年3月卒）
・岡島大悟、岡本拓篤、興水凜（2018年3月卒）
・喜多明日菜（2019年3月卒）
・亀西敏生、岡本望、垣内光莉、鐘ケ江理佐、河端晏、守護彩香、刀根みなみ、平井優作、吉田萌香（2019年4月現在在学）

以上の方々に感謝申し上げる。

翻訳と編集の方針は以下の通りである。

1. 台湾華語に対して興味のある読者に原書の文章表現を楽しんで頂くことを目的として、日華対訳という形で編集を行った。原文を通して台湾華語への理解を深め、また日本語訳を通して中国語圏における日本語学習者の学習にも貢献できるようにしたいと考えている。

2. 翻訳は、意訳と直訳のバランスをとるように努めた。ただ、日本語だけで読む読者にも理解し易いことを考慮した。例えば、日本人にとって馴染みのない植物「林投樹」は、日本語の方では単に「木」と訳してある。台湾華語を学ぼうとする読者はその点に注意をお願いしたい。

3. 漢字地名の振り仮名は、日本統治時代に命名された地名で、現在でも同じ漢字表記を使っている場合、その当時の読み方に従う（例：高雄<ruby>高雄<rt>たかお</rt></ruby>）。戦後に命名された地名（原住民語音以外）は、音読みにする（例：緑島<ruby>緑島<rt>りょくとう</rt></ruby>）。

4. 巻末に掲載された①台湾華語単語リスト、②注音字母と漢語ピインの対照表の部分は、原書にない本書の独自の工夫である。日本の大学では漢語ピインと中国の簡体字を教えるのが主流であるが、台湾華語では通常、繁体字と注音字母を用いているため、学習の便宜を考えたものである。

　本書は、以上のような編集によって、中国語学習者に台湾華語の特徴を感じ取っていただきたいと願っている。中国語文化圏における中国語は、使用地域によって様々な特徴があり、同じ中国語と言ってもその語法、表現は非常に多様である。アメリカ英語、イギリス英語、カナダ英語などが存在しているように、台湾華語もまた世界に広く分布している多種多様な中国語のなかの一つである。しかし台湾華語と中国の普通話とは同じ体系の言語の中にあるため、その相互の差異はあまり深く理解されておらず、

繁体字と簡体字による表記の違いだけが一般に知られているのが現状である。実際は、本書の本文と単語リストに示されているように、発音が異なったり、慣用表現が違ったりするようなことも少なからず存在しているのである。

　最後に本書が多くの方に少しでもお役に立つことを祈り、そしてこれからの日台交流の発展に資する大きな可能性が拓かれるようにと願っている。

2019 年 4 月吉日

台湾原住民の神話と伝説 1

アミ族
巨人アラガガイ

◆
第1話
◆

田植えをするコマ

　昔々、ヴォトクという青年とサヴァクという娘がいて二人は結婚しました。二人はナララカナン（今の花蓮港付近）の地面から出てきたと言われています。まもなくして、二人の間にヴォトンという可愛い赤ん坊ができました。

　その頃、クルミという名の女もいて、クルミはサヤンという娘と一緒に暮らしていました。クルミとサヤンがどこから来たのかを知る人はいません。後世の人々が知っているのは、アミ族サキザヤ人の祖先がこの二人であるということだけです。

　ある日の朝、サヤンはいつもと同じように桶を持って井戸に水汲みにいきました。水を汲み上げようとしたちょうどその時、どうしたことか急に縄が動かなくなりました。

　サヤンは帰るほかありませんでした。帰ってこのことを母親に話しました。サヤンの母親はもう一度井戸に戻って汲んでみるように言いました。サヤンが井戸に戻ると、井戸からいきなり少年が一人這い出てきました。この少年がヴォトンだったのです。

　ヴォトンはサヤンを見るやいなや一目惚れし、サヤンにプロポーズしま

阿美族

した。

　サヤンは、本当はヴォトンのことを気に入っていたのですが、自分で決める勇気がありません。ましてや結婚という大事なことは母親の賛成がなければなりません。そこでサヤンはヴォトンを連れて帰り、母親に紹介しました。

　母親はヴォトンを一目見てなかなか男前だと思い、ヴォトンのサヤンに対する思いも感じとったので、二人の結婚を許すことにしました。

　ヴォトンはサヤンと結婚してからクルミの家に住みました。しかしヴォトンは仕事好きではなかったため、毎日家にこもってコマを作ってばかりいました。

　クルミはヴォトンの怠けぶりを快く思わず、どうにかして追い出そうとしました。それでもヴォトンはまったく動こうとしません。クルミはヴォトンを担ぎ出そうと多くの人を連れて来ましたが、どんなに多くの人がどんなに力を出しても、ヴォトンはちっとも動きません。

　ある日、ヴォトンはコマを作り終えてから、雑草の生い茂った未開の荒れ地へ出かけました。ヴォトンは力を込めてコマを投げると、コマはぐるぐるぐるぐると回り、なんと荒れ地をひらいて立派な田んぼへと変えてしまったのです。

　それから、ヴォトンは甘い瓜と苦い瓜の種を植えました。甘い瓜は稲へと生長し、苦い瓜は粟へと生長し、人々はひたすら驚くばかりでした。

　その後、ヴォトンは人々に種まきのやり方や祭祀に儀式、数々の掟を教えました。ヴォトンは普通の人ではなく、不思議な力を持っているということを人々はこの時になってやっと理解し、それ以後ヴォトンがやろうとすることに口出しできなくなりました。

　三年の月日が流れました。ヴォトンはサヤンにこう告げました、

　「俺は両親のもとへ帰らなくてはならない。しかし帰りの道中は非常に長くつらいものだ。だからサヤンにはここに残ってお母さんの傍らにいてあげて欲しい。」と。それでも、すでに身ごもっているサヤンはヴォトン

と一緒にいきたいと言って聞きません。

　ヴォトンの家は空の上にあるので、空へと続くはしごを上らなければなりません。ヴォトンとサヤンは一体どれほど多くの道を通ったことでしょうか。二人はようやくはしごが掛かる場所にたどりつきました。

　二人がはしごに足をかけようとする時、ヴォトンはサヤンに「はしごを上るときは、決して音をたてないでおくれ。」としっかりと言い聞かせました。サヤンはうなずきました。

　二人は一段一段はしごを上り、ついにあと一段で上りきるところまで来ました。その時、これまでの大きな疲れのせいか、サヤンは「はぁ…」というため息をついてしまいました。

　はしごはたちまちくねりと曲がり、ついには丸ごと地面へ向かって真っ逆さまに落ちていきました。サヤンも道連れに落ちていき、その場で即死してしまいました。この時、サヤンのお腹から鹿や豚や蛇といった動物が飛び出してきました。こうして、この世界に色々な生き物が現れるようになりました。

　ヴォトンはサヤンが地面に落ちていくのを助けることもできず、悲劇を見ているしかありませんでした。彼はたいへん悲しい思いで、ただ一人天に戻っていきました。この時に彼らが使ったはしごは今も花蓮県瑞穂郷舞鶴台地の上に残っています。

阿美族

第2話

◆

海の神様の嫁とり物語

　先ほど出てきた不思議な力を持つヴォトンは、ヴォトクとサヴァクの子供だったのですが、彼らにはもう一人女の子がおり、名をベイロバスといいました。ベイロバスは、女の子を一人生み、その子の名前はシシリンガンといいました。シシリンガンはとても美しく、体からかすかに赤い光を放っていました。

　ある日、シシリンガンが海へ遊びに来た時、海神が彼女を見て、恋に落ちてしまい、奥さんにすることを決めました。

　海神は、シシリンガンの母親のベイロバスにこう言いました「もしもこの結婚を受けなかったら、この集落を海に沈めてしまうぞ」。ベイロバスは海神の要求を受け入れたくはなかったので、相手にしないでおこうと思いました。

　すると、海面が上昇してきて、ナララカナンの集落の人々は、ベイロバスに助けを求めました。「シシリンガンを海神に渡してください！　集落を救ってください！」

　ベイロバスは我が子を手放したくはありませんでしたが、集落のために受け入れるしかありませんでした。ベイロバスはシシリンガンを籠に入れ

て海に流しました。すると、たちまち海に異変が起こりました。海の水が
突然真っ赤に光り、次第に波が引いていったのです。そして、シシリンガ
ンも消えてしまいました。

　海水が引いたあと、ベイロバスは鉄の棒を杖のようにつき、籠が流れて
いった方を追いかけ、娘を探しました。来る日も来る日もずっと海に沿っ
て南へ歩き、ついにはタラワダウにたどりつきました。しかし、娘は影も
形も見当たりませんでした。

　ベイロバスはつらい思いで、鉄の杖を捨て、ひとり歩いてナララカナン
集落に帰って来ました。

　ベイロバスが海岸を歩き回って捜していたとき、鉄の杖を境界として、
海に侵略されないように海に向かっておまじないをかけました。こうして、
海と陸の境界が決まったと言われています。

阿美族

第3話

巨人アラガガイ

1 アミ族

集落の近くにあるバリク山にひとりの巨人が住んでいました。アミ族の人たちはその巨人をアラガガイと呼んでいました。巨人アラガガイは呪術を使い、普通の人に化けてアミ族の人たちを襲い、さらには危害を加えました。

巨人アラガガイはとくに子どもの内臓を食べるのが好きでした。ある日、母親が二人の娘を連れて、畑仕事をしていました。八歳の上の娘はすでに物心がついていて、家事を手伝えるくらいでした。母親は上の娘に生まれたばかりの妹の面倒を見るように言いました。そこで、上の娘は乳離れしていない妹を背負って、母と一緒に畑で仕事をしていました。お昼になって母親は赤ちゃんに乳をのませる準備をしていたとき、上の娘はおかしいと思い、母親に「お母さん、さっきお乳を飲ませたばかりじゃない。どうしてまた飲ませるの？」と尋ねました。母親はそれを聞き、変だと思い、急いで赤ちゃんのほうを見ました。すると赤ちゃんはすでに死んでいて、内臓が跡形もなく食べられていて、お腹の中には稲わらが残っていました。アラガガイは母親の姿に化けて、上の娘をだまし、赤ちゃんを殺していたのです。

もう一つ奇妙なことが起きました。集落の中のある一家で、夫はいつものように魚を取りに出かけ、妻は家で家事をしていて夫の帰りを待っていました。その日、夫はとくに早く、たくさんの魚を持って帰ってきました。みんなはおいしい魚を食べ終わって、夫婦は満足して眠りに落ちました。どれだけ眠ったのでしょうか、妻は突然外で戸をたたく音で目を覚ましました。妻はからだを起こし、戸を開けると、自分の夫が戸の前に立っていて、先ほど隣で寝ていた夫はすでに影も形もなかったのです。彼らは呪術を使ったアラガガイのしわざに違いないと思いました。

　このような事が次々と起き、アミ族の人々はとても恐ろしく思いました。集落の長老たちは、二度とこのような事が起こらないように、すべての子どもを集会所に集め、若者たちが見張り、保護することを決定しました。女たちは家の中にいるか、外出するかにかかわらず、必ず一緒に行動し、決して単独で行動しませんでした。このような対策が、思惑通りに巨人アラガガイを威嚇し、一時はアミ族に危害を加えられないようにしました。しかし、このようにしてもアラガガイをずっと阻止することはできません。

　巨人アラガガイは長らく物を食べていないので、お腹がすいてどうしようもなくなって、ついに集会所の屋根に右手をのばし、子どもを食べようとしました。幸い、集会所の中を若者たちが守っていたので、巨人アラガガイは子どもを食べられなかっただけでなく、右腕を切り落とされてしまいました。腕を切り落とされてしまったアラガガイは近くの山から木を一本切ってきて、呪術を使って、木の幹を自分の腕に変えてしまったのです。

　長老たちは徹底的に巨人アラガガイを退治しなければならないと思い、村の頭目のバリクは集落のすべての青年を集め、年齢によっていくつかの階層に分け、二つの勇士隊をラリキとリクラと名づけました。出発の一か月前、二つの勇士隊は長距離走、短距離走、サバイバル、弓矢などの戦闘技術の訓練を受けました。その訓練は厳しくつらいものでした。訓練が終わった後、二つの部隊は長老の指示をじっと待ちました。長老の命令が下ると、勇士たちは出発して、バリク山（今の美崙山）に到達し、命を懸け

阿美族

1 アミ族

て戦いました。勇猛で戦いが上手な勇士たちは、はじめは優位に立ちましたが、すぐに巨人アラガガイは呪術を使い、勇士たちは抵抗することができず、たくさんの人が死傷しました。アミ族の青年たちは火攻めをしたり、矢を使って攻撃したりしましたが、巨人アラガガイにはまったく太刀打ちできませんでした。そこで勇士隊のリーダーであるカランは撤退を命じました。攻撃もむなしく、帰ってきてカランはとても思い悩み、悔やんで、どうしたらいいのか分かりませんでした。ある日、カランはとても疲れていて、ぼんやりと石の上に横になって寝ていました。夢の中で、カランは海の神様の「祭りで使う布隆を持ってきて使ったら、アラガガイの呪術を防ぐことができる」という声を聞きました。カランは目が覚め、海の神様の指示を長老たちに伝え、もう一回戦うことを決定しました。アミ族の人たちは布隆を作りはじめ、アラガガイとの決戦に備えました。

　対決の当日、カランはすべての勇士たちに布隆を持つように命令しました。果たして、巨人アラガガイは布隆を身に着けている勇士たちを前にして、急に呪術が効かなくなり、すぐに負けてしまいました。戦いに負けた巨人アラガガイは海に逃げていき、跡形もなく消えてしまいました。この後、アミ族の人たちは、たとえ平穏な生活を過ごしていたとしても、軽率でいい加減な態度はとらず、訓練された集落の若者が毎年アミ族の豊年祭の主な活動を行っています。同時に海の神様に感謝し、この時の恩を忘れないようにと海祭りを開催しています。

第4話

女性の国の探検記

　昔々、マチウチウという若者がいました。彼は毎日一生懸命仕事に励んでいました。 その日、彼がいつもと同じように田んぼに出かけると、にわかに大雨が降りはじめました。

　雨は激しく、川の水が急激に高まり、あっという間に川岸まで押し寄せてきました。そしてマチウチウもまた海に流されてしまったのです。幸いにも、彼は木切れにつかまって、なんとか溺死を免れたのでした。

　長い時間がたち、マチウチウは名も知れぬ島に流れつきました。その島はマチウチウの住む集落にたいそう様子が似ていたので、彼は集落を探して島を見て回りました。

　マチウチウは長いこと歩きましたが、人の家を見つけることはできません。歩き続け、疲れた彼は木の下で少しばかり眠ることにしました。眠気の中、大勢の人が歩く音がぼんやりと聞こえました。 しかも人々は彼がいる方向に向かって歩いて来ています。

　マチウチウがはっと驚いて目を覚ますと、刃物や矛を持った大勢の人が自分を取り囲んでいることに気づきました。さらに奇妙なのは、みな女なのです。

阿美族

その中のたいへん綺麗な女が言いました。「これは何という動物だ。 これまでに見たことがあるか？　でも見たところ、たいそううまそうだ。」マチウチウはこの言葉を聞き、恐ろしくてたまらなくなりました。マチウチウが逃げたいと考えていると、女たちはそんな彼に気づき、縄で縛りあげ、女たちが住む場所に連れかえってしまいました。

マチウチウは女たちの集落に連れていかれてから気がつきました。女たちの集落には男が一人もおらず、あらゆる仕事を女が担っているのです。

女たちが子孫を生む方法は大変特殊です。子供を産みたい人は、集落の近くの高い山の上で両腕を広げて風を待ちます。そよ風が両腕を吹き抜ければ、子供がわきの下から生まれてくるのです。

そのため、女たちは男を必要とせず、そして今まで男を見たこともなかったのです。

マチウチウは集落から少しばかり離れた檻のなかに閉じ込められていました。ほどなくして、非常に美しい女がやってきました。周りにいる人々はその女を非常に尊敬しているようです。マチウチウは、女がきっとこの集落の頭なのだと思いました。

女頭は、マチウチウを見ながら言いました。「この動物はとてもおいしそうね。でもすこし痩せすぎだわ。もう少し太らせればもっとおいしくいただけるわね。」女頭は周りの人々に言い終わると、すぐにその場を離れてしまいました。マチウチウが女頭と従者たちに許しを請う暇もなくあっというまにいってしまったのでした。

二日目から食事の時間になると、いつも一人の娘が山盛りの豪勢な料理を運んできました。しかしマチウチウはたくさん食べようとはしません。太って、自分が殺されて食べられてしまうことを恐れたからです。

マチウチウは逃げたかったのですが、檻はたいそう丈夫でまったくなすすべがありませんでした。しばらくするとマチウチウは、食事を運んでくるのがいつも同じ娘だということに気づきました。それに、その娘は心優しい人に見えます。彼は、娘に助けを求めようと決心しました。

ある日、娘がいつものように食事を運びにきました。その機会に乗じて彼は娘に助けを求めました。

　娘は話を聞いてたいそう不審がりましたが、ようやくマチウチウが普通の人間であることを理解し、彼の訴えに応じることにしました。

　彼女は集落に戻る前に、身に着けていた刃物をマチウチウに渡しました。しかし、マチウチウは決してすぐに逃げ出そうとはしませんでした。あたりが暗くなるのを待ってから刃物で檻を壊し、海岸の方向に逃げ出しました。

　海岸にたどりついた時、マチウチウは多くのたいまつが彼を追いかけてきていることに気づきました。彼は慌てふためき、もう自分がどうするべきか分からなくなりました。

　すると突然、海から一頭の大きなクジラが現れ、マチウチウに向かって言うのです。「ボクは娘の友人だ。娘が私に、あなたを家に帰すのを助けるようにと言ったんだ。」

　マチウチウが急いでクジラの背に飛び乗ると、クジラは猛スピードで海を泳ぎました。マチウチウを追う女たちは力一杯矛を飛ばし、矢を放ち、船を漕いで近づこうとしましたが、クジラの泳ぐ速度の方が速く、追っ手の姿はどんどん後ろに下がっていきました。マチウチウはなんとか島を脱出し、女頭のごちそうになることを免れたのでした。

　クジラはマチウチウの故郷に泳ぎつくと彼を下ろし、マチウチウが礼を言うのも間に合わないほどすぐに身を翻し、海へと戻っていきました。

　集落に帰ってから、マチウチウは自分が集落を離れてからすでに何十年もたっているということを知りました。集落の中にマチウチウを知る者はもう少なくなっていました。彼は娘とクジラに感謝し、毎年海岸にビンロウや餅や酒を彼らのために捧げました。これもまた阿美族の海祭りの風習の由来の一つになっています。

阿美族

30

1 アミ族

◆

第5話

◆

蟹男の秘密

　昔々、台湾の東海岸にアミ族の夫婦が住んでいました。

　魚や海の生き物を獲り、暮らしていました。そして、夫婦は男の子を授かりました。しかし、男の子は人間の頭と蟹の身体を持ち、まるで人間の姿からかけ離れていました。夫婦はこの子供を海に放り投げ、見捨てようと思いましたが、どんなに醜くても自分の子供に変わりはありません。見捨てる事はできませんでした。

　月日はたち、まだ一歳にもならない息子が、両親に向かって突然言いました。「お父さん、お母さん、僕を見捨てないでくれてありがとう。大きくなったら、必ず本物の人間になるよ。」父親と母親は息子の言葉に感激し、大切に育てる事を決めました。

　蟹男はめったに食べず、寝る時にはバナナの葉を布団代わりにかぶりました。時には、海岸に行き薪を拾って両親のお手伝いをしました。

　ある日、蟹男は両親に、結婚がしたいのでお嫁さんを探すのを手伝って欲しいと頼みました。両親は息子に言いました、「息子よ、お前を助けてやりたいが、結婚相手が現れるか心配だ。」しかし、蟹男はこの程度ではあきらめず、何度も両親にお願いしました。仕方なく、両親はお嫁さんを

31

探しに、隣の村を訪ねました。

　そして、ようやく息子と結婚したいと願う娘が現れました。しかし、娘は結婚してから一度も夫を見ることが出来ませんでした。娘は我慢できず、両親に不平を言いました。「結婚して大分たちました。私は何も悪い事をしていないのに、どうして夫に会わせてくれないのですか？」

　娘は家を出るとかたくなに言い、止めることができなくなった両親は、息子に相談しました。蟹男は言いました、「昨晩、人間になる夢を見ました。僕をバナナの皮に包み、井戸の横の木の桶の中に置いてください。そして、何が何でも妻をもう一晩引き留めて下さい。」

　息子の話を聞き、両親は娘に言いました、「どうしても出ていきたいと言うならば、我々にもあなたを引き留める事が出来ません。こうしましょう！　我々が山から手土産を獲ってきます。記念として持って帰って下さい。」こうして、両親は娘をあと一日引き留める事ができました。

　次の日の朝、娘が顔を洗うために井戸の水を汲もうとすると、桶の中に奇妙な男の子がいるのを見つけました。しかし、太陽の光が男の子に射した時、とてもたくましい青年に成長しました。蟹男は、慌てている娘に今までの一部始終を伝えました。娘は、やっと桶の中にいた奇妙な男の子が自分の夫であったことを知りました。また、両親が会わせてくれなかった理由も理解することができました。

　しばらくして、蟹男と娘の間に女の子と男の子が産まれました。ある日、二人が仕事に出るため、長女に弟の面倒を見るように言いました。長女は言いつけ通りに、そっと弟が寝るまでゆりかごを揺らして、近所の友達と遊びに行きました。

　少したってから弟の様子を見に戻ると、戸口の方に見知らぬ男がいて、あたりをきょろきょろ見回していました。男が話す暇もなく、長女は一気に質問攻めしました。「あんたは誰よ？」「何をしているの？」男は誠意をもって答えました、「お姉さん、僕はあなたの弟だよ。でも、僕の話を信じてくれないでしょう。だったら、証拠として家族について答えることが

阿美族

32

1 アミ族

出来るか、僕に質問してみてよ。」

　長女がゆりかごを見ると、弟はいませんでした。長女はひどく驚いて、この男に質問をしてみることにしました。男は家族について、どんな質問にも答えました。それでも、長女は完全に信じることができません。その時、両親が帰ってきました。長女が二人に今までの出来事を話すと、二人は笑いながら、「間違いない、これはお前の弟だよ。」と言いました。

　昔から蟹一族はとても変わっていて、家族の中に必ず特別早く成長する子供がいるのでした。

翻訳：大阪大学外国語学部中国語専攻学生

監訳：古川　裕

台灣原住民的神話與傳說 1

阿美族
巨人阿里嘎該

第1話

種田的陀螺

　　很久以前，有一個男子名叫福杜茲和一位名叫做莎法的女子結為夫妻，據說他們兩人都是從拿拉拉扎南的地底冒出來。不久，福杜茲和莎法生下一個可愛的寶寶，叫做福通。

　　當時，還有一位名字叫做古露米的女子，她和女兒莎樣住在一起，沒有人知道她從哪裡來，後人只知道她們是阿美族沙奇萊雅人的祖先。

　　有一天早上，莎樣和往常一樣拿著水桶到水井提水。她正要將水提上來時，不知什麼原因，繩子竟然拉不動。

　　莎樣只好回家，並且把這件怪事告訴母親，沙樣的母親要她回去再試試看；當莎樣回去時，從水井中突然爬出了一名男子，他正是福通。

　　福通一看見莎樣，就喜歡上她，並向莎樣求婚。

　　莎樣雖然打從心裡也喜歡福通，但是她卻不敢自己做決定，畢竟結婚這件大事應該要經過母親的同意。於是，莎樣帶福通回家，並向母親說明。

　　母親看了看福通，覺得他長得還不錯，也感受到福通對莎樣的心意，便同意他們結為夫妻。

　　福通和莎樣結婚後，住在古露米的家中。但是福通不喜歡工作，每天只會待在家裡專心製作陀螺。

アミ族

1 阿美族

　　古露米對於福通的懶散，非常不高興，想盡辦法要把他趕走。可是福通不肯走，古露米找了許多人來抬他，但是不管動用多少人、使出多少力氣，就是沒辦法移動他半步。

　　有一天，福通做好陀螺之後，走到雜草叢生、還未開墾的荒地。他把陀螺用力甩打出去，陀螺一直轉、一直轉，竟然就把荒地開墾為良田。

　　接著，福通繼續種下甜的瓜子和苦的瓜子，甜的瓜子長出稻米，而苦的瓜子則生出小米，讓人驚訝不已。

　　之後，福通又教導眾人播種方法、祭祀儀式和種種禁忌要求。這時候大家才知道原來福通不是普通人，他具有神奇的力量，沒有人再敢干涉他做任何事了。

　　過了三年，福通向莎樣表示要回自己的父母家，但是路途非常遙遠又很辛苦，因此他希望莎樣能夠留下來，陪在她自己的母親身邊。然而，已經懷孕的莎樣還是堅持要跟福通一起回家。

　　福通的家在天上，必須爬上一座通往天上的梯子。福通和莎樣不知走了多少路，才到達放梯子的地方。

　　當他們正要踏上梯子時，福通小心謹慎地吩咐莎樣：「爬梯子的時候，千萬不可以發出任何聲響。」莎樣答應了。

　　他們一步步地往上爬，眼看著只剩下最後一步就可以到達天上，莎樣因為太過疲勞，不自覺地發出「唉！」的嘆氣聲。

　　梯子立刻扭曲變形，甚至整個從天空掉落到地面，莎樣也摔了下來，當場斷氣死亡。這個時候從莎樣的肚子裡跑出了鹿、豬和蛇等動物，從此以後世上便出現了各種不同的生物。

　　福通眼看著莎樣摔落地面，營救不及，只能看著悲劇發生。他傷心欲絕，獨自回到天上。而他們所使用的梯子，至今還殘留在花蓮縣瑞穗鄉舞鶴台地上。

第2話

海神娶親

　　原來擁有神奇力量的福通，正是福杜茲和莎法的兒子，他們還有一個女兒，名叫懷露法絲。

　　懷露法絲生了一個女兒，名叫芝希麗薾。芝希麗薾長得非常漂亮，而且全身散發紅色的微光。

　　有一天，芝希麗薾到海邊遊玩；海神看見她，萌生愛意，決心要娶她為妻。

　　海神告訴芝希麗薾的母親懷露法絲，如果她不答應婚事，就要引海水來淹沒部落。

　　懷露法絲不願接受海神的要脅，打算置之不理。

　　然而，海水不斷地高漲起來，拿拉拉扎南部落的人紛紛向懷露法絲請求，希望她將芝希麗薾嫁給海神，拯救部落。

　　懷露法絲雖然捨不得女兒，但是為了部落，迫不得已只好答應。懷露法絲將芝希麗薾裝入籃子內，放到海上，任其漂流。不久，海面出現異象，一大片海水突然泛紅；接著，海水漸漸退去，而芝希麗薾也消失無蹤。

　　海水退去後，懷露法絲帶著一根鐵棒做為手杖，追隨籃子漂流的方向找尋女兒。她沿著海岸往南走，日夜不停地走，一直走到達拉瓦焐，仍然沒有

アミ族

38

看到女兒的蹤影。

　　懷露法絲傷心難過地丟下鐵手杖，獨自走回到拿拉拉扎南部落。

　　懷露法絲在海岸奔走尋找時，曾面向海水施法術，以鐵手杖為界，命令海水不可侵犯，藉此順利行走，傳說中海水和陸地的界線就這樣決定了。

1 阿美族

第3話

巨人阿里嘎該

在部落附近的巴力克山上，住著一個巨人，阿美族人稱他為阿里嘎該。巨人阿里嘎該會法術，常常變成一般人的模樣來騷擾阿美族人，甚至造成危害。

巨人阿里嘎該尤其喜歡吃小孩子的內臟。

有一天，一位母親帶著兩個女兒到田裡工作。八歲的大女兒已經懂事，而且可以幫忙家務，母親便吩咐她要好好照顧剛出生的小女嬰。於是，大女兒背著還沒斷奶的小女嬰，跟著媽媽在田裡工作。

到了中午，母親正準備要餵小女嬰吃奶，大女兒感到很奇怪，便問母親說：「妳剛剛不是已經餵過一次了，為什麼還要再餵一次呢？」母親聽了以後，覺得事情有蹊蹺，趕緊察看小女嬰。她赫然發現小女嬰已經死了，而且身體內臟被吃得一乾二淨，肚子裏只剩下一堆稻草。原來阿里嘎該變成母親的模樣，騙過大女兒，早就把小女嬰害死了。

還發生另一件怪事，部落裡一戶人家，丈夫像往常一樣出外捕魚，妻子在家做家事，等待丈夫歸來。這一天，丈夫似乎回來得特別早，而且帶回豐富的漁獲。

全家人津津有味地吃完鮮美的海鮮，夫妻倆滿足地倒頭熟睡。不知睡了

アミ族

40

多久，妻子突然被外頭敲門的聲音驚醒；她起身應門，發現自己的丈夫就站在門口，而原先睡在身旁的丈夫早已不見蹤影。事後回想，他們斷定這應當也是那會法術的巨人阿里嘎該做的。

像這樣的事情層出不窮，讓族人感到非常害怕。部落長老們為了不讓事情再發生，決定將所有的小孩集中在聚會所裡，由青年幹部們照顧、保護。婦女不管在家中，還是出門，一律結伴而行，絕對不單獨行動。這些防範措施，果然嚇阻了巨人阿里嘎該，令他一時無法侵擾阿美族人。

可是，這樣做並不能永遠阻止巨人阿里嘎該。

巨人阿里嘎該因為很久沒有吃東西，餓得很難受，乾脆把右手從聚會所的屋頂伸進去，要抓小孩來吃。幸好聚會所內有青年幹部保護，巨人阿里嘎該不但沒有吃到小孩，右手臂反而砍斷。斷了手臂的巨人阿里嘎該並未因此遠離，他在山上砍下一根樹幹，施法將樹幹變成自己的手臂。

長老們認為必須徹底消滅巨人阿里嘎該，大頭目巴力克召集所有部落裏的青年，依年齡分成好幾個階層，巴力克再從中選出兩支勇士隊，分別命名為拉利基和利固拉。

出發前一個月，兩支勇士隊分別接受長跑、短跑、野外求生以及射箭等戰技訓練，過程既嚴格又艱辛。完成訓練後，兩支隊伍靜候長老的命令。

長老一聲令下，勇士們出發了，抵達巴力克山與巨人阿里嘎該作殊死戰。驍勇善戰的勇士們本來還佔上風，但沒多久，巨人阿里嘎該施展法術，勇士們無法抵擋，傷亡慘重。阿美青年不論火攻或箭射，都不能傷及巨人阿里嘎該一根汗毛。於是，勇士隊領袖卡浪下令撤退。

攻擊行動無功而返，令卡浪非常懊惱，不知該如何才好。有一天，卡浪因為太疲倦，迷迷糊糊地躺在一塊石頭上睡著了。

睡夢中，卡浪聽到海神說：「只要將祭祀用的布隆（阿美語 porong，意指祭祀用的道具）拿來使用，就可以抵擋阿里嘎該的法術。」卡浪醒來，將海神的指示告訴長老們，並決定一試。族人開始製作布隆，準備與巨人阿里嘎該再次決戰。

對決當天，卡浪命令每一個勇士帶上布隆。果然，巨人阿里嘎該面對身

上掛著布隆的勇士們，法術頓時失靈，很快就被打敗了。戰敗的巨人阿里嘎該往海上逃走，消失得無影無蹤。

此後，阿美族人雖然過著平靜的生活，但是，大家仍不敢掉以輕心，每年都將訓練部落青年，做為阿美族豐年祭的主要活動。同時，為了感謝海神，也舉行海祭，以紀念這一段恩情。

アミ族

第4話

女人國歷險記

從前有一個叫做馬糾糾的青年，平日非常勤奮工作。這一天，馬糾糾如同平常一樣來到田裡，忽然間下起滂沱大雨。

雨下得太大，河水暴漲起來，滾滾洪水快速向陸面逼近，馬糾糾也被沖到海上。幸好，他抱住一根木頭，才不至於被淹死。

不知過了多久，馬糾糾漂流到一個不知名的島嶼。島嶼的景象和他的部落看起來很像，他便往島上走，看看是否有部落存在。

馬糾糾走了好久，沒有發現人煙。走著走著，感覺累了，他便在樹下休息，小睡一番。恍惚間，他彷彿聽到一大群人走路的聲音，並且朝他的方向過來。

馬糾糾突然驚醒，發現身旁已經圍繞著許多拿著刀子和長矛的人。更令他奇怪的是：這些人全部都是女人！

當中一位長得非常漂亮的女人說：「這是什麼動物，怎麼以前都沒有見過？不過看起來好像很好吃的樣子。」馬糾糾聽了，害怕極了。馬糾糾原想逃跑時，卻女人們發覺了，便被綑綁起來，帶回她們居住的地方。

馬糾糾被綁到這些女人的部落後，才發現他們的部落沒有男人，所有的工作都由女人承擔。

她們生育後代的方法很特別，想生小孩的人只要到部落附近的一座高山上，迎著風將雙臂打開，微風吹過雙臂，小孩子便會從腋下生出來。

就因為這樣，所以她們不需要男人，也從來沒有看過男人。

馬糾糾被她們關在離部落有一段距離的一個大籠子裡。不久，來了一位更漂亮的女人，周圍的人似乎非常尊敬她。馬糾糾心想：「她應該是這一個部落的頭目吧！」

女頭目看著馬糾糾說：「這隻動物看起來好像非常鮮美，不過就是太瘦了。把他養肥一點，吃起來比較可口。」她對身旁的人交待完畢後，便轉身離去。馬糾糾聽了還來不及求饒，女頭目和他的隨從早已不知去向。

第二天起，吃飯時間一到，就會有一位少女送飯來，菜餚非常豐盛。馬糾糾不敢吃太多，因為他害怕變胖，會被她們殺來吃。

馬糾糾想逃脫，可是籠子太堅固，根本無法做到。後來，馬糾糾發現送飯來的都是同一位少女，而且看起來很善良，他決心向少女求救。

有一天，少女像往常一樣送飯來，馬糾糾趁機開口，請求少女幫忙。

少女聽馬糾糾開口說話，十分訝異，才知道馬糾糾原來也是人，因而答應他的請求。

少女返回部落前，將身上的刀子解下來給馬糾糾。不過，馬糾糾並沒有立即逃脫，等到黑夜，才用刀子將籠子破壞，往海邊方向逃跑。

到達海邊時，馬糾糾發現很多火把追來，心中非常著急，不知該如何是好。

忽然間海上浮出一隻大鯨魚，並開口對馬糾糾說：「我是少女的朋友，她要我來救你回家。」

馬糾糾慌張地跳上鯨背，大鯨魚迅速游向大海。追趕的女人們雖然使勁丟矛、射箭，甚至試圖划船接近，幸好大鯨魚游泳的速度快，追兵越來越落在後面；最後馬糾糾總算順利逃脫，才不至於成為女頭目桌上的佳餚。

大鯨魚游到馬糾糾的故鄉，馬糾糾爬下來還來不及道謝，大鯨魚就轉身游進海裡。

回到部落後，馬糾糾才發現他已經離開好幾十年了；部落中認識他的人

アミ族

44

已經不多。他為了感謝少女和大鯨魚，每年都到海邊獻上檳榔、糯米糕和酒來紀念他們。這也是阿美族海祭習俗的由來之一。

1 阿美族

第5話

螃蟹人的秘密

從前台灣東海岸住著一對阿美族夫婦，以捕魚和採集其他海產維生。這對夫妻生下一個男嬰，只是這個男嬰長得異於常人，人頭蟹身，讓他們很難過。夫妻倆原本想把男嬰丟到海裡，讓他自生自滅；但終究是自己的小孩，不忍丟棄。

過了幾個月，未滿周歲的男嬰突然開口向父母說：「謝謝媽媽、爸爸把我留下，將來我一定要成為真正的人。」父母親聽了非常驚喜，決定要好好地扶養他長大。螃蟹人平常不吃東西，睡覺時拿香蕉葉當棉被來蓋，有時候也會到海邊幫父母撿拾木柴。

有一天，螃蟹人竟然要求父母親幫他找一位妻子，父母親十分為難，便對螃蟹人說：「孩子啊！不是我不幫你，而是怕別人不願意啊！」最後，經不起螃蟹人再三要求，父母親只好在鄰近部落為他找妻子。

好不容易，終於有個女孩願意嫁給螃蟹人。可是，女孩嫁過來之後，女孩卻一直見不到自己的丈夫。女孩終於受不了了 就跟螃蟹人的父母抱怨說：「我已經嫁過來很久，也沒有犯過大錯，為什麼不讓我看一看我的丈夫呢？」

女孩因而堅持要離開，螃蟹人的父母沒有辦法，只好跟螃蟹人商量。「昨晚我夢見自己將成為真正的人，請把我用香蕉葉包起來，放在水井邊的

アミ族

46

1 阿美族

水桶裡；也請你們無論如何一定要將我的妻子再多留一夜。」螃蟹人對父母說。

父母聽了螃蟹人的懇求之後，便對媳婦說：「妳想走，我們也沒有辦法留住妳。這樣吧！我們到山上弄一些山產，好讓妳帶回去做紀念。」就這樣把媳婦多留了一天。

第二天一早，女孩到水井旁取水洗臉時，發現水桶裡有一個奇怪的小男孩。當陽光照射過來時，小男孩頓時長大成為一個英勇的男子。螃蟹人將情況一五一十告訴驚恐不已的女孩。這時女孩才知道在水桶中的小男孩原來就是自己的丈夫，也才理解父母不讓她與丈夫相見的原因。

過了一段時間，螃蟹人夫婦生下了一男一女。

有一天，螃蟹人夫婦要出外工作，吩咐女兒要好好照顧弟弟，女兒乖巧地答應了。她小心地搖著搖籃，在弟弟睡著之後，才出去和鄰家的小孩玩。

沒多久，小女孩回家看顧弟弟，發現家門口有一位陌生的男子在東張西望。小女孩不等這位陌生男子開口，就問了一連串的問題：「你是誰？」「要做什麼？」男子誠懇地說：「姊姊，我是你的弟弟啊！或許妳不相信，但是妳可以問一些家裡的事情，看我知不知道。」

小女孩衝到搖籃旁，發現弟弟已經不見了。她非常驚訝，決定考一考這位陌生男子。然而不管她問什麼，男子對家中種種都能對答如流。儘管如此，小女孩還是半信半疑。這時候，螃蟹人夫婦回來了。小女孩將情形告訴父母，爸媽笑著說：「沒錯，他的確是妳的弟弟！」

原來螃蟹人家庭非常特別，每一代總會有長得特別快的小孩呢！

神秘

台湾原住民の神話と伝説 2

プユマ族
的な月形の石柱

◆ 第1話 ◆

都蘭山ふもとのプユマ

　伝説では、都蘭山はプユマ族ナンワン集落の人々の祖先がもっとも早く上陸し暮らしていた場所だと言われています。

　昔々、ナンワン集落の人々の祖先はもともと名前も知られていない遥か遠くの海のかなたに住んでいました。しかし、世界中で水があふれて災害となり陸地が沈んでしまったため、人々は生活することが出来なくなってしまいました。

　そこで、男の祖先であるアドゥルマウと女の祖先であるアドゥルサウが先頭に立って、およそ五〜六戸の家族、合わせて三十人あまりのナンワン集落の人々が住める場所を見つけたいと思い、木で作った舟に乗り、海を流れていきました。

　彼らはブドゥという島に流れつきました。伝説では、この島こそがまさに現在の蘭嶼だと言われています。当時その島にはすでに住んでいる人がいましたが、彼らももともと島にいた人々と一緒にその島で生活することにしました。

　しかし、お互いの生活習慣の違いから、ナンワン集落の人々は島の人々としょっちゅう衝突していました。アドゥルマウとアドゥルサウの二人の

卑南族

2 プユマ族

祖先は、ブドゥ島は長く生活するには適していないと思い、島から出ていくことを決めました。彼らは永遠に落ちついて生活できるような新天地を探し出したいと思い、新たに舟を作り、水を貯え、食糧を保存し、再び海へと探検に出かけました。

ブドゥ島を離れてから、彼らは舟を漕ぎながら海の上をあてもなく何日も流されていきましたが、まだ陸地は見えません。小さな舟は波の起伏に合わせて気分が悪くなるほど大きく揺れ、それに空に高く上った太陽もめまいがするほど激しく照り付けていて、それはもう言葉にできないほどの苦しみでした。しかし、もう二度と他人に頼った生活をしないために、ナンワン集落の人々は歯を食いしばって苦しみにも耐え、新たな故郷を作ろうと強く決意していました。

ある日、彼らは突然遠い遠い海面に鍋をひっくり返したような形の陸地が一つあるのを見つけました。みんな飛び跳ねて興奮し、一致団結して力一杯前へ向かって舟を漕ぎ進めました。漕いで漕いで、ようやく岸辺にたどりつき、そこから陸地に上がりました。陸の上には花や草があり、鳥や獣もいて、彼らは住むのにとても適した場所だと思いました。

この上陸した地点こそが、まさに現在の都蘭山だと言い伝えられています。

都蘭山に登ってから、男の祖先であるアドゥルマウはひとつかみの土を海の中に投げ、海水が引くようお祈りをしました。すると海水は引いていきました。

海水が引いてから、女の祖先であるアドゥルサウは「平原ができたから、女たちは農作物を植えはじめられるわ」と言いました。こうして、彼らはその場所に住むことになりました。

ナンワン集落の祖先は、都蘭山一帯におよそ数百年間住み続け、人口は次第に増えていきましたが、人が多くなると田畑は足りなくなってしまいました。これからどうしたらいいのでしょうか？

このとき、ある人が発見しました。都蘭山のふもとには大きな大きな平

原があり、長く住むのにぴったりで、さらにみんなで住める広さもあるのです。そこで、みんなは引っ越しをするかどうか話し合いをはじめました。

　七人の兄弟姉妹が真っ先に山を下って大平原へ行き、さらにその平原でそれぞれ一番好きな場所を選んで、家を建てて住みはじめました。その後、もともと山の上に住んでいた人々も、彼らが山の下に引っ越して良い暮らしを送っているのを見て、次々と山を下って彼らと一緒に生活するようになりました。人々はそれぞれ自分の好きな場所や人間関係によって先に来た七人に付いていったため、平原には七つの異なる集落ができました。

　都蘭山を下って移動していく途中で、アバンガンという、地下から温泉が湧き出る場所にたどりつきました。何人かの老人は疲れてもう歩けなくなってしまったので、そこで生活することにしましたが、他の人々は先へと進み続けました。

　目的地に到着した後、人々は老人たちの安否を心配し、しばしば若者を遣わして米や食糧をアバンガンに届けさせました。この習慣は後にナンワン集落で年に一度の大猟祭りを行う時に、まず都蘭山の方に向かって米をまき散らすという儀式の由来となりました。

　卑南平原に定住した人々はそれぞれ集落を作り、平原の上で彼らの生活を繰り広げていき、耕作や狩りによって生計を立てていました。しかし、狩りをする前にも、彼らは一致団結するという習慣をかたく守り、必ず先に集合してから一緒に狩りへと出かけていきました。

　そのために若者たちが作ったマイダダル集落の中には、バラクワンと言われる集会用の建物が作られました。これは現在の集会所です。他の兄弟たちも集会所はとても便利だと思い、その方法をまねて自分たちの集落にもそれぞれの集会所を作りました。

　集会所はプユマ族の人々の社会では、とても重要な場所であり、男たちの生活の中心となる場所だと言えます。この集会所は現在の軍営のようでした。すべての若者たちは結婚する前にここに住んで、いつでも敵の来襲に備えなくてはならなかったからです。集会所はまた学校のようでもあり、

若い男たちはここで老人たちにいろいろな知識を教わっていました。

　後に、みんなはバラバラに住んでいては力を集めることができず、ひとたび敵が攻めてくると自らを守ることは難しいと思うようになりました。そこで、みんなでまた話し合った結果、マイダダルの若者が住んでいる場所で一緒に生活し、お互いに世話をしあうことに決めました。

　このような集団行動を忘れないために、プユマ族で古くから言われている「普悠瑪（プユマ）」という言葉を用いてお互いを呼び合うようになりました。その後、集合団結を意味するプユマは、次第に現在のプユマ族ナンワン集落の名前となり、日本統治時代にはさらにこの民族全体の名前となったのです。

第2話

◆

神秘的な月形の石柱

　昔々、あるところにプユマ族の兄弟がいました。兄のアウナヤンと弟の
イブワンは夜中にたびたび近所のラランジ人のサトウキビ畑に忍び込んで
は、甘くて美味しいサトウキビを盗み食いしていました。二人はサトウキ
ビを盗むときはいつも、「ジージージージー」とスカンクの鳴き真似をして、
ラランジの人々を騙していました。

　しばらくしてラランジ人がサトウキビ畑の様子を見に来ました。彼らは
サトウキビを食べたのはスカンクではなく、どうやら人間のようだと思っ
て、すぐにサトウキビ畑の周りに灰を撒きました。あくる日、彼らがサト
ウキビ畑を見に来ると、なんとそこには人間の足跡がありました。ララン
ジたちは誰かが彼らの作物を盗んでいることに気づいたのです。

　その夜、ラランジたちがサトウキビ畑に隠れて待ち伏せていると、何も
知らない二人の兄弟がスカンクの鳴き真似をしながら畑に入ってきまし
た。ラランジたちはわっと飛び出て、彼らを捕まえようとしました。

　アウナヤンは背が高く、畑の石塀をぴょんと飛び越えました。一方イブ
ワンは背が低く、塀を越えられません。ラランジ人に捕まってしまいまし
た。彼らはイブワンを集会所に閉じ込め、見張りをつけました。

卑
南
族

逃げのびたアウナヤンは、イブワンが心配でなりませんでした。一生懸命考えて、ついにあることを思いついたのです。アウナヤンは藤の枝と葉で大きな凧を作りました。そして卑南大渓の向かいにある富源山に登り、凧を飛ばす準備をしました。

計画実行の前日、アウナヤンはこっそりラランジ人たちの集会所のところへ行き、見張りの目を忍んで、竹の壁越しにイブワンにうまくやるように伝えました。

凧を飛ばすその日、イブワンは集会所でビューンビューンという音を聞いて、アウナヤンが凧を飛ばしたことを知りました。ビューンビューンという音は見張りのラランジ人たちの注意も引きつけました。彼らは不思議そうに駆け寄って、これまで見たことのない凧を目の当たりにして、ああだこうだと話して夢中になっていました。

集会所に閉じ込められたイブワンは見張りに言いました。「宙に浮かんで鳴っているものは何なんだい？　窓の近くまで行って見てもいいかい？」見張りは彼の言う通りにさせてやりました。

イブワンは窓に近づいて、また言いました。「窓からじゃ凧がはっきり見えないよ。門のところまで行って見てもいいかい？」見張りは彼を門のところまで行かせてやりました。

イブワンは門のところで凧をしばらく見た後、また言いました。「ここは遠すぎる。広場まで行って皆と凧を見てもいいかい？　それすれば、きっとはっきり見えると思うんだ。」見張りは心の中で、皆が周りにいればきっとイブワンも逃げられやしないと思ってうなずき、彼を広場まで連れていってやりました。

人ごみの中で凧を見ていたイブワンは、また言いました。「僕は背が低いから、ここだと皆のせいで凧が見えないんだ。あの石臼の上に立って見てもいいかい？」

再び許しを得たイブワンは、ついに石臼の上に立って凧を見上げました。上へ下へと空に揺れる凧を人々はただただ眺めていました。

イブワンはまた言いました。「なんて不思議なものだ。ナイフを貸して
くれ、僕があの飛んでいる物を取ってきてやるよ。」見張りは疑いもせず、
それどころかイブワンがどうやって凧を落とすのか気になって、彼にナイ
フを貸してしまったのです。

遠く富源山の上から人々が集まっているのを見たアウナヤンは、すぐに
凧の揺れを上手くあやつって、凧が三回目に大きく降下したとき、イブワ
ンはナイフで凧を落とすふりをして、なんと飛び上がって手を伸ばし凧の
長いしっぽにつかまったのです。またたく間に、彼の身体は凧とともに空
へ飛んでいきました。アウナヤンはイブワンが凧につかまったのを見て、
すぐに糸を巻きました。すると凧はすぐに高く空へ上がっていきました。

空へ飛びあがったイブワンは持っていたナイフを投げ捨てました。する
とそのナイフはちょうど地上にいた妊婦のお腹に刺さり、なんと彼女のお
腹からは双子が生まれたのです。

イブワンが空へ舞い上がり離れていくのを見て、ラランジ人たちははっ
と事態を悟りましたが、彼を追うのには遅すぎたのです。彼らにはイブワ
ンが逃げていくのを、ただただ眺めていることしかできませんでした。

アウナヤンは凧を卑南大渓の北側にある富源山の頂に降ろしました。イ
ブワンが地上に降り立った後、アウナヤンはラランジたちがイブワンに、
汚いものや気持ちの悪いものを無理矢理に呑ませたことを知りました。ア
ウナヤンは怒り、またイブワンをかわいそうに思って、すぐにイブワンに
食べたものをすべて吐かせました。こうしてイブワンが吐いたものは、な
んと池に変わりました。言い伝えによれば、プユマ族の人々はこの池をカ
ナリリャと呼びました。この池の水は決して枯れることはなく、いつも変
な臭いがしました。

イブワンがひどい目にあわされたので、彼が元気になった後、二人は仕
返しをしようと考えました。そこで二人はババドランに住むタダナウばあ
さんのところへ教えを請いに行きました。

タダナウばあさんは言いました。「それならラランジ人たちに永久の夜

卑南族

を与えておやり。」すると世界は闇に包まれたのです。

しかし暗闇の中でも、ラランジ人は手探りで薪を探し出して火を焚き、料理や暖をとることができました。彼らにとって暗闇はどうってことないようでした。それどころか二人の兄弟と家族の生活がかえって不便になってしまいました。

そこでアウナヤンとイブワンはまたタダナウばあさんのところへいって言いました。「ラランジ人たちはいつも通り生活できているのに、私たちの生活がかえって不便になってしまいました。どうしたら元に戻りますか？」

タダナウばあさんは言いました。「それならば、都蘭山へ行ってそこに住む老人から白い鶏を借りてきて、鳴かせなさい。それが三回目に鳴くとき、空は明るくなるじゃろう。」

アウナヤンとイブワンはタダナウばあさんの言う通りにしました。すると空は明るくなりました。空が明るくなっても二人はまだ納得できず、再びタダナウばあさんのところへ行って、他にラランジ人たちをやっつける方法がないか尋ねました。

タダナウばあさんは二人の話を聞いて、言いました。「天界へ行って地震を起こしておやり！」

そこでアウナヤンとイブワンはたくさんの石を運んできて、タダナウばあさんの家の周りを囲いました。家が地震で壊れないようにするためです。また平たい石の板を家の周りに散りばめ、家の周りのすべてのビンロウの木に鉄片をぶら下げて、縄で木々を一つに結びました。地震が来たらすぐに分かるようにするためです。

作業を終えた後、二人はタダナウばあさんに言いました。「一回目の雷鳴が聞こえたら、それは私達がすでに天上についたということですからね。」

アウナヤンとイブワンは天界につくと、雷鳴と地震を起こしはじめました。地上でも鉄片が鳴りはじめました。二人は鉄片の音をよく聞いて、タ

ダナウばあさんの家が壊れてしまわないよう地震の強さを調整しました。
そうして、二人は大地を大きく揺らし、いたる所で火災が広がりました。

　しばらくして、タダナウばあさんは頃合いだと思って、二人の兄弟に言いました。

　「もうよい、もうよい、子供たちよ、もうよいぞ、ラランジ人はもういなくなった！　もうよいぞ！」

　アウナヤンとイブワンはタダナウばあさんが叫ぶのを聞いてようやく地震を止めました。ラランジたちが住んでいたタララブワンはほとんど灰と化し、倒れなかった数本の石の柱がまっすぐ立っているだけでした。

　今でも残っているのは、卑南遺跡にある「月形の石柱」だけです。ラランジ人は全滅してしまいました。

　以来ずっとプユマ族の人々は卑南遺跡とラランジ人たちが住んでいたタララブワンを禁忌の地としているそうです。

卑南族

第3話

海への感謝祭の由来

プユマ族のナンワン集落には他の部族にはない特別なお祭りがあって、海への感謝祭と言います。この儀式は夏に粟を収穫した後に行われ、男の若者たちが粟を手にして海辺に行き、蘭嶼と緑島に向かって、そして卑南大渓北岸で都蘭山に向かって祖先に対する感謝の儀式を行います。

なぜ三つの違う場所で同時に感謝の儀式を行うのでしょうか？　それは三つの神話と伝説がもとになっているからで、祖先に感謝を表す時期になると、ナンワン集落の人々はそれぞれ三か所に分かれて感謝の儀式を行うのです。

由来その１：粟の種を探して

昔々、ナンワン集落のドモラショという名の祖先は、主食となる植物を探して東の海までやって来ました。

ある日、彼はブドゥ島へつくと、タイバンという名の美しい娘が好きになりました。タイバンも外から来たこの若者を好きになり、彼に嫁ぎました。

二人が一緒になってからも、彼は最初の目的を忘れたことはありません。

59

ドモラショはブドゥ島で探し続けて、島の人々が食用にしている貴重な粟を見つけました。そこで二人は粟の種を台湾島に持ち帰り、部族の人々に分け与えようと思いました。

　しかしブドゥ島の人々は粟を大切にして、厳しく管理し、如何なる人にも粟の種を持ちだすことを許しませんでした。

　二人はあらゆる方法を考えて、種をわきの下や、髪の毛、まぶた、耳、口や鼻の穴などあちこちにかくしてみましたが、いつも見つかって没収されてしまいました。

　二人は何度も何度も失敗しましたが、あきらめずに意思を貫いて、最後にやむを得ない方法を思いつきました。彼は粟の種を自分の秘所に隠して、島の人々を騙し、妻と共に粟の種を持って島を出て、部族に戻ったのです。

　島を出る時に、タイバンの兄のウマルドも同行して、しばらく住んでいましたが、故郷が恋しくなって、ブドゥ島に戻ることにしました。

　別れの前夜に、ウマルドは二人にお願いをしました。毎年粟を収穫した後は、粟のお酒をこしらえて海辺に持って行き、その場で炊いた粟のお粥を添えて、ブドゥ島に感謝して供えてほしいと。

　二人はこの約束を決して忘れずに、毎年粟を収穫した後は必ず海辺にいって感謝の儀式を行い、次の年の豊作を祈りました。

　ドモラショとタイバンはそれぞれナンワン部族のシャバヤン氏族とララ氏族の祖先であったので、ブドゥ島に向かって儀式を行う時には、この二つの氏族の子孫が中心に行うことになりました。

由来その２：クジラへの感謝

　かつてナンワン集落のアラシス氏族にパタキウという人がいて、いたずら好きとして有名でした。パタキウは一族の人が餅を作っているときにいたずらをするのが好きで、別のところからわざと「火事だ！」と叫んで助けを求め、みんなをそこに呼び寄せてから、自分はその隙に一族の人の家に入っていき、すべての餅を盗むのでした。

このようなことが何回かあった後、パタキウが悪さをしているということが分かり、一族の人たちが次々に彼の家族に訴えました。パタキウの行いは悪く、家族はひどく頭を抱え、とても恥ずかしく思いました。しかし、家族がたびたび注意しても、パタキウは相変わらず悪さをやめませんでした。パタキウの叔父さんのクラルイは村の人たちとよく話し合って、パタキウを追放して村に帰って来られないようにしようと考えました。

ある日、クラルイは一族の男たちと共にパタキウと一緒に海にある小さな島の沙那山で狩りをしようと約束しました。この沙那山がまさに現在の緑島だと言われています。

当時、台湾島と沙那山の間には大きくて長いガジュマルの根があり、二つの島をつなぐ橋となっていました。人はこの根を使って沙那山に渡るのです。

沙那山につくと、クラルイはみんなを各地に散らばるよう指示し、野生の動物を追い出し、さらに囲い捕らえました。活発なパタキウは嬉々として野原を駆け回り、奥深くまで進み動物を追いかけました。しかし、パタキウはこれがじつは家族がわざと仕掛けた罠だということとはまったく思いませんでした。

パタキウが沙那山の奥深くまで入ると、一緒に来ていた人はすぐにガジュマルの根を引き上げ、さらにその根を切り、嫌われ者のパタキウが永遠に村に帰って来られないようにしました。

パタキウが狩りを終えたとき、他の人の姿がなく、ガジュマルの根の近くまで来て、根が切断されていることを発見し、そこでやっと一族の人たちに追い出されたということを知りました。パタキウは果てしなく大きな海を見つめ、悲しみに暮れて泣くしかありませんでした。

しかし、パタキウの泣いている声が神の憐みの気持ちを起こしました。

神様はパタキウが途方に暮れてどうしようもないのを知っていたので、クジラに彼を家に帰すように言いました。クジラはパタキウに言いました。「ボクが海に潜って、もし息が苦しくなったら、えらをつねってください。

そうしたら、海面に出ます。岸に着いたら三回つねってください。」

　三回ほど浮き沈みした後、台湾東部の猫山近くの岸にたどり着いて、尾を使ってパタキウを浜に投げました。こうしてパタキウは助かって自分の村へ帰りました。

　岸に上がったとき、足もとがふらふらして転んでしまいました。これ以後、パタキウに新しい名前が与えられてアリタリットと呼ばれました。これは「転ぶ」という意味です。

　パタキウが岸に上がった後、クジラが何回も振り返って彼に言い聞かせました。「毎年粟を収穫したら、決まった時間に海辺に来てボクを祭ってください。」

　こうしてパタキウは悪さをしなくなり、さらに毎年パタキウが属しているアラシス氏族のすべての若い男たちは猫山を越えて沙那山の海岸に向かって、クジラが助けてくれた恩に対しての祭をしています。

由来その3：山神様への新米

　パサラアト氏族の祖先がある日卑南大渓を渡り、北岸で耕作や伐採をし、昼食を食べているとき、牛車にかけてある弁当箱の中に、なんと百歩蛇がいました。

　彼は驚いて弁当箱をひっくり返し、心の中で不吉さを感じ、また、海祭りが数日後に控えているのに、卑南大渓を渡ってしまったことが山神様に対して不敬だったのではと思い、今年の夏に収穫した粟を使って謝罪の祭をしようと思いました。さもなければ、たとえ川の水が浅くても、いずれ嫌なことが起こるだろうと思ったのです。

　こうして、パサラアト氏族や彼らと関係のあるバランアドゥ氏族の末裔は毎年の海祭り当日にわざわざ卑南大渓を渡り、北岸で祭をあげ、山神様に向かって祈りを捧げるのです。

翻訳：大阪大学外国語学部中国語専攻学生

監訳：古川　裕

台灣原住民的神話與傳說 2

卑南族
神秘的
月形石柱

第1話

都蘭山下的普悠瑪

傳說中，都蘭山是卑南族南王部落人的祖先最早登陸和居住過的地方。

很久很久以前，南王部落人的祖先原本住在不知名的遙遠海外，由於世界發生了大洪水，洪水氾濫成災，淹沒了大地，人們無以為生。

於是，在男祖先阿都如冒和女祖先阿都如紹的帶領下，大約五、六戶人家，三十多位南王部落人，搭乘著木頭拼成的舟筏，乘風漂流，想要尋找一處可以居住的地方。

他們漂到一個叫做布肚兒的島上，傳說這個島就是現在的蘭嶼。當時島上已經有人居住了，但是他們還是留下來和島上的人一起生活。

不過，由於彼此的生活習慣不同，南王部落人常常和島上的人有衝突。阿都如冒和阿都如紹兩位祖先認為，布肚兒島不適合長久定居，於是決定離開。重新造舟、儲水、存糧，再往海上探險，希望能夠找到一個可以永遠安身立命的新天地。

離開布肚兒島後，他們划著小舟，在海上漫無目的地漂流了許多日子，都還看不見陸地。小舟隨波浪起伏搖晃，常常顛得大家很不舒服，而高掛天空的烈陽，也曬得人發暈，真是苦不堪言。可是為了不要再過寄人籬下的生活，南王部落人咬緊牙關苦撐，夢想新家園的建立。

有一天，他們忽然見到遠遠的海面，有一個形狀像翻過來的鍋子的陸地，大家都相當地雀躍、興奮，於是同心協力地用力往前划。划呀划，終於划到了岸邊，就在那裡登上了陸地。他們發現陸地上有花有草，有鳥有獸，很適合居住。

這個登陸的地點，傳說就是現在的都蘭山。

在登上都蘭山以後，男祖先阿都如冒就用手抓起一把泥土扔到大海中，祈求海水能夠消退，果然海水因此降低了。

當海水降退後，女祖先阿都如紹便說：「有平原了，女人們可以開始種植農作物。」於是他們就在那個地方定居下來了。

南王部落的祖先，在都蘭山一帶，大約住了幾百年，人口漸漸繁衍起來，人一多，田地就不夠使用，這下子該怎麼辦呢？

這個時候有人發現，在都蘭山腳下，有一個很大很大的平原，好像滿適合居住，而且能夠容納所有的人。於是，大家開始商量遷移搬家的事宜。

一開始，有七位兄弟姐妹率先下山到大平原，並且在平原上各自選擇了最喜愛的地方，建造房子居住。後來，原本居住在山上的族人，見到他們遷到山下後，日子過得不錯，於是紛紛跟進遷下山來和他們一起同住，各自依照自己的喜愛或親疏遠近的關係，分別依附原先來的人，於是在平原上形成了七個不同的聚落。

從都蘭山往下遷徙的過程中，走到一處名叫阿邦安的地方時，有些老人們累得走不動了，就住在這個地底會湧出溫泉的地方，其他人則繼續前進。

抵達目的地後的親人，關心老人們的安危，時常派遣年輕人送米飯、食糧到阿邦安探視，這個習慣就成為日後南王部落舉行每年一度大獵祭時，必須先向都蘭山進行撒米祭獻儀式的由來。

定居在卑南平原上的人們，各自成立了一個個聚落，在平原上展開了他們的生活，並靠著耕作和打獵維持生計。但是打獵前，他們仍然謹守團結的習慣，一定要先集合後，再一同出發打獵。

所以，就在大哥建立的麥達達兒聚落裡，蓋了一個集會用的建築，叫做巴拉冠，也就是現在的「會所」。其他兄弟見到會所很有用，於是就學大哥

的做法，在自己的聚落裡建立屬於自己的會所。

　　會所，在卑南族人的社會中，是個很重要的處所，可說是男人生活的重心。會所就像現在的軍營，因為所有的成年男子，未結婚前都要住在這裡，隨時防犯敵人的來襲。會所又像學校，年輕的男子在這裡可以向老人家們學習各種知識。

　　後來，大家總覺得分散居住，力量不能夠集中，一旦敵人來犯時，難以自保。於是大家又一起商量，決定集中到麥達達兒，也就是大哥住的地方共同生活，互相照應。

　　為了紀念這種集合的行動，就用卑南族的古話「普悠瑪」相稱。後來，意味著集合團結的普悠瑪，逐漸成了現在卑南族南王部落的名字，日據時代更成為全族的名字。

プユマ族

第2話

神秘的月形石柱

很久很久以前，卑南族有對少年兄弟，哥哥奧那樣和弟弟依布萬，經常在夜裡，偷偷地潛入鄰近拉拉鄂斯人所種的甘蔗園中，去偷取汁液甜美的甘蔗。兩兄弟在偷的時候，口中常學臭鼬的聲音，發出「吱吱～～吱吱～～吱吱～～」的叫聲來欺騙拉拉鄂斯人。

不久拉拉鄂斯人到甘蔗園察看，發現甘蔗不像是被臭鼬啃過的樣子，反倒像是有人進出的痕跡。於是，拉拉鄂斯人便用灰燼灑在甘蔗園四周。隔天，拉拉鄂斯人再去察看時，果然發現是人類的腳印，便確定有人偷採了他們的作物。

當晚，拉拉鄂斯人事先埋伏，不知情況的兩兄弟仍假裝臭鼬的叫聲進入甘蔗園，拉拉鄂斯人一湧而上要捉拿他們。

奧那樣因為個子比較高，一跳就跳出甘蔗園的石砌圍牆。依布萬個子矮，沒有跳過去，被捉住了。拉拉鄂斯人便把依布萬關進會所，並派人看守著。

奧那樣逃走以後，十分擔心依布萬的安危，絞盡腦汁，終於想到了一個辦法。奧那樣以藤片做了一個很大的風箏，準備爬到卑南大溪對岸的富源山上去放。

援救計劃執行的前一天，奧那樣悄悄地潛入拉拉鄂斯人的會所邊，躲過守衛，隔著竹壁把計劃告訴依布萬，要他配合。

　　放風箏的那一天，依布萬在會所裡，聽到嗡嗡的聲響，知道奧那樣已經放出了風箏。嗡嗡聲也吸引了看管會所的拉拉鄂斯人，他們都很好奇地跑過來觀看這不曾見過的東西，議論紛紛，看得出神。

　　被關在會所裡的依布萬跟看守的人說：「是什麼東西在空中響呀？可不可以讓我靠近一點，到窗邊瞧一瞧。」看守人答應了他的請求。

　　依布萬到了窗邊之後，又說：「在窗邊看不清楚天上的風箏，可不可以讓我到門口來看一下？」看守人就讓他到門口來看風箏。

　　依布萬站在門口看了一會兒，又說：「在這裡還是太遠了，可不可以讓我到廣場中央去，和大家站在一塊兒看風箏，這樣才能看個清楚。」看守人心想在眾人的圍繞下依布萬肯定跑不掉，於是就同意讓他到廣場和大家一起看風箏。

　　夾雜在人群中看風箏的依布萬，又對看守人說：「我的個子太矮了，在廣場中和大家一起看，都被大家擋住了，還是看不清楚，可不可以讓我站到那個石臼上面看？」依布萬又再次獲得允許，終於站到石臼上面看風箏。只見風箏忽上忽下地漂浮著，大家都看呆了。

　　依布萬又說：「真是稀奇的東西，借我一把刀，我可以把那天上飛的東西砍下來。」看守人不疑他，而且想看依布萬如何砍下風箏，所以就把刀借給了他。

　　遠在富源山上的奧那樣看到人群聚集，便駕御風箏上下俯衝，當風箏第三次往下衝時，依布萬拿了刀假裝要砍風箏，卻忽然躍起伸手拉住風箏的長尾巴，轉眼間，他的身子竟隨著風箏飛上天空。奧那樣見到依布萬已經抓住風箏了，立刻收線，風箏就高高地飛上天空了。

　　到了天空，依布萬順手把借來的刀拋下，那刀正巧落在一位懷孕婦人的肚子上，將婦人的肚子從中剖開生出了雙胞胎。

　　眼見依布萬騰空離去，拉拉鄂斯人才恍然大悟，但是要追也來不及了，只能眼睜睜地看他逃離。

プユマ族

奧那樣把風箏拉往卑南大溪北邊的富源山頂。當依布萬落地後，奧那樣得知他被拉拉鄂斯人強逼吞食骯髒污穢又噁心的東西，又氣又憐，急忙叫依布萬把吃下的東西都吐出來。依布萬因而吐出所有的東西，它們竟然變成了水池。傳說中，卑南族人稱這個水池為卡那勒冷冽，池水永不乾涸，只是始終有股難聞的怪味。

由於依布萬遭到虐待，在他脫困以後，兩兄弟想要報仇雪恨，便去請教住在巴巴都蘭的外祖母姐達姥。

外祖母姐達姥說：「那就讓天降下黑暗給拉拉鄂斯人好了。」於是黑暗降下，世界一片漆黑。

但是拉拉鄂斯人在黑暗中，還是能以雙手觸摸東西，憑感覺將乾的木柴挑出來升火煮東西，取暖。黑暗對拉拉鄂斯人的生活並沒有造成太大的影響，反而使自己的族人也跟著不方便。

於是，奧那樣和依布萬又去問外祖母姐達姥說：「拉拉鄂斯人還是可以照常生活，反而是我們變得不方便！這樣不好，要怎麼樣才能再恢復白天的生活呢？」

外祖母姐達姥說：「既然如此，你們就到都蘭山，向住在那裡的老人家借白色的雞，並且讓牠啼叫。等到牠第三次啼叫的時候，天就會亮了。」

奧那樣和依布萬照著外祖母姐達姥的話去做，天果然就亮了。天亮之後，兩兄弟還是覺得不服氣，又去問外祖母姐達姥其他可以消滅拉拉鄂斯人的辦法。

外祖母姐達姥聽了便說：「你們到天界去下地震吧！」

於是奧那樣和依布萬搬了很多的石頭，把外祖母姐達姥的房子四周給圍起來，讓房子更為堅固，又以扁石板圍住，並頂在房子四周。然後，把房子周圍的檳榔樹都綁上鐵片，再用繩子把所有的檳榔樹綁成一圈。

奧那樣和依布萬把這些安全措施完成後，告訴外祖母姐達姥說：「當您聽到第一次雷響時，就知道我們兩個人已經到了天上。」

奧那樣和依布萬到了天界，催動雷聲和地震，地上也響起了鐵片聲。奧那樣和依布萬不斷聽鐵片聲調整震幅，希望不要波及外祖母姐達姥的房子。

然後，奧那樣和依布萬才放手催動地震，讓大地搖個不停，火災不斷，四處
蔓延燃燒。

過了許久，外祖母姐達姥覺得燒得差不多了，就跟兩兄弟說：「夠了啦，
孩子啊，可以了啦，已經沒有拉拉鄂斯人了啊！好了，夠了！」

奧那樣和依布萬聽到了外祖母姐達姥的喊聲後，才把地震止住。只見拉
拉鄂斯人居住的達拉拉不灣都已經化成灰燼，而那些沒有倒塌的屋壁，也都
化為石頭，筆直地豎立在當地。

如今留下的東西，就僅剩卑南遺址上的「月形石柱」而已，至於拉拉鄂
斯人早已被毀滅了。

由於這個神話故事的關係，卑南族人一直把卑南遺址，也就是拉拉鄂斯
人住的達拉拉不灣，視為禁地。

プユマ族

第 3 話

感恩海祭的由來

2 卑南族

　　卑南族南王部落有一個特殊的感恩祭儀，叫海祭，是其他各部落所沒有的。這個祭儀通常在夏天小米收割以後舉行，成年的男子們會帶著小米到海邊，面向蘭嶼、面向綠島，還到卑南大溪北岸溪邊面對都蘭山，向祖先舉行感恩祭獻的儀式。

　　為什麼會在三個地點同時舉行祭獻儀式呢？因為感恩海祭是由三種不同的神話及傳說所構成的，所以到了該向祖先表達感謝的季節時，南王部落人會分別在三個不同的地點，同時舉行感恩的儀式。

感恩海祭由來之一：尋找小米種子

　　古早以前，一位南王部落的祖先叫德馬拉紹，為了尋找可以當做主食的植物，來到東方的海上。

　　有一天，他到了布肚兒島，並愛上了島上一位名字叫黛斑的美麗姑娘，黛斑也愛著這位由外地來的英俊青年，並表示願意嫁給他。

　　德馬拉紹和黛斑成家以後，並沒有忘記他最初的目的。

　　德馬拉紹在布肚兒島上不斷地尋找，終於發現島上居民所食用的珍貴小米。於是，德馬拉紹和妻子黛斑便想將小米的種子攜回台灣部落，分享給

族人。

但是，布肚兒島上的居民非常珍視小米這種植物，對它管制非常嚴格，不允許任何人將它帶離布肚兒島。

德馬拉紹和黛斑想盡了一切可行的藏匿方法，把種子藏在腋下，藏在頭髮，藏在眼皮，藏在耳朵，藏在嘴巴，藏在鼻孔，但是每一次都被發現，遭到沒收。

德馬拉紹和黛斑雖然屢試屢敗，但仍意志堅定鍥而不捨，最後，德馬拉紹想出了一個不得已的方法，他將小米的種子，藏到自己的私處，終於瞞過了島上的居民，成功地將妻子和小米的種子帶出布肚兒島，回到部落。

離開布肚兒島的時候，黛斑的哥哥巫馬魯道也隨他們一同前往，但是巫馬魯道住了一段時間以後，由於非常思念家鄉，決定回布肚兒島。

離別前夕，巫馬魯道請求妹夫和妹妹每年小米收割以後，要帶釀好的小米酒到海邊去，搭配當場煮好的小米粥，向布肚兒島獻祭。

德馬拉紹和黛斑將這件事牢牢記在心裡，每年到了小米收割完成之後，一定依約到海邊舉行祭獻的儀式，表達感謝並祈禱來年豐收。

由於德馬拉紹和黛斑是南王部落沙巴樣氏族和拉拉氏族的祖先，所以向布肚兒島祭獻的人，主要以南王部落中沙巴樣氏族和拉拉氏族的後裔為主。

感恩海祭由來之二：向大魚報恩

從前南王部落的阿卡西斯氏族，有個名叫巴塔吉烏的祖先，是出了名的搗蛋鬼。巴塔吉烏很喜歡在族人樁米做糯米糕的時候惡作劇，他會故意在別處高喊失火求救的呼聲，引誘大家前去救火，自己卻趁機闖入族人的屋內偷取所有的糯米糕。

族人空跑幾次之後，發現是巴塔吉烏在惡作劇，紛紛向他的家人控訴。

巴塔吉烏的行為惡劣行徑，讓家人傷透腦筋，深深感到羞恥；但家人屢次規勸，巴塔吉烏仍然不改他搗蛋的行為。巴塔吉烏的舅舅古拉流，特別和部落裡的人講好，打算把巴塔吉烏放逐到不能回到部落的地方。

有一天，古拉流和族中的男人們約巴塔吉烏一起到海上的小島沙那山打

獵。傳說，沙那山就是現在的綠島。

那時，台灣島和沙那山之間有一棵很大很長的榕樹根做爲橋樑相連。一行人就利用榕樹根來到沙那山。

到了沙那山之後，古拉流指揮大家分散到原野各處，把野獸趕出來，並進行圍捕。活躍的巴塔吉烏興高采烈地奔向原野深處去趕野獸，但是，他萬萬想不到，這竟是親人故意設下的計謀。

當巴塔吉烏深入沙那山時，隨行的人立刻從原來的大榕樹根上撤回，並且將它切斷，令人討厭的巴塔吉烏便永遠無法再回到部落。

巴塔吉烏忙了一陣子之後，不見其他人的蹤影，來到大榕樹根旁邊，發現樹根已經被切斷，才知道自己被族人放逐了。巴塔吉烏望著茫茫的大海，只能彷徨無助的傷心哭泣。

然而，巴塔吉烏的哭聲讓天神起了憐憫之心。

天神知道巴塔吉烏彷徨無助，於是命令一隻大魚載他渡海回家。大魚告訴巴塔吉烏：「當我潛入海水時，如果你感覺呼吸困難，請捏我的魚鰓，我就會浮出海面換氣；如果到了岸邊，就捏三下。」

沈浮三次以後，來到靠近台東貓山的岸邊，大魚用牠的尾巴把巴塔吉烏拋上海灘，巴塔吉烏也因而獲救回到自己的部落。

上岸時，巴塔吉烏因腳站不穩而翻滾摔跤，從此以後巴塔吉烏得了一個新的名字，叫「阿里特阿里特」，也就是「摔跤」的意思。

巴塔吉烏上岸後，大魚在海中頻頻回頭交待說：「每年在小米收成之後，要按時到海邊來供奉我。」

從此以後，巴塔吉烏再也不搗蛋了，而且每年巴塔吉烏所屬的阿拉西斯氏族的所有成年男子，都要經過貓山到靠向沙那山的海邊，祭謝大魚的救命之恩。

感恩海祭由來之三：請山神吃新米

巴沙拉阿特氏族的祖先，有一天涉水過卑南大溪，到北岸耕作、砍材，中午吃飯的時候，發現掛在牛車上的飯簍里，竟然有一條百步蛇。他在驚慌

中打翻了飯簍，心中一面有著不祥的感覺，又猛然想到，可能是因爲再過幾天才要舉行海祭，而在海祭之前涉水過卑南大溪，對山神是不敬的，心想，應該趕快拿今年夏天收成的小米來祭拜謝罪，否則即使溪水很淺，也可能隨時會發生意外。

　　從此，巴沙拉阿特氏族以及和他們有關係的巴拉阿度氏族的後裔，每年在海祭當天都會特地涉過卑南大溪，到北岸舉行祭禮，向山神祈福謝罪。

プユマ族

タオ族
トビウオの神

台湾原住民の神話と伝説 3

第1話

竹生人と石生人

　広い太平洋の海原に神秘的な島が一つありました。たくさんの魚や綺麗な貝が住む海に囲まれ、木々は大きく青々と茂っていました。島のあちらこちらに綺麗な蘭の花やユリや山菊が咲きみだれ、色鮮やかなトリバネアゲハや可愛らしいハクビシン、夜行性のコノハズクの姿が見られました。

　ある日、奇妙なことが起こりました。海面に一艘の不思議な船が現れたのです。船の両端がとんがってU字形をした船がゆっくりと神秘の島に近づいて来ました。

　船が島につくと、奇妙な姿の人々が船から降りて来ました。彼らは人間のようには見えず、かといって神や鬼のようでもありません。肩巾が広くて力が強そうな人や、大きく飛び出した目の人がいました。また、とても大きな手と小さな足の人もいました。奇妙な姿の人々はこの島の美しさに魅せられて、ここに住むことに決めました。

　彼らの暮らし方は変わっていて、誰もが特殊な能力を持っていました。

　シ・バレという名の人は、人と意見が合わないと、いつもケンカになって袋叩きのめにあうのに、死んでもまた生き返ることが出来て、海の中でも陸上と同じように生活することができました。

達悟族

また、シ・ウラマンは農作物を育てたり、海で魚を捕まえたりすることもなく、何も食べなくても平気でした。

ある日、屈強なからだをしたシ・ガラテが島中の人々を集め、大声で宣言しました。「俺の名前はシ・ガラテだ。俺は空をもっと高くするぞ、今の空は低すぎるから。」こう言うと、空をとても高くして誰の手も届かないようにしました。

シ・バジラウは、よく太った子供や妊婦を見かけるたびに彼らを食べたいという衝動に駆られました。

こんなふうに、この島には奇妙な人がたくさんいたのです。

彼らがこの島に来てから、島の草花は以前のように枝葉を伸ばすこともなくなり、鳥たちもまた楽しそうに歌うことはなくなってしまいました。やがて、大洪水が起きて、この島と彼らを呑みこんでしまいました。

九年後、天の神さまはこの島を再び浮き上がらせて、島は少しずつ昔の姿を取り戻しました。天の神さまは島を美しくするために、珍しい蘭の花や可愛いコノハズク、美しいトリバネアゲハをもう一度与えてくれました。

天の神さまはこの島が息を吹き返したのを見て、二人の息子を遣わしました。一人は漁人集落の大きな石の中に降ろされ、石生人と呼ばれました。もう一人は紅頭集落の竹の中に降ろされ、竹生人と呼ばれました。

天の神さまは、からだのどの部分からでも男の子や女の子を産むことができるという神力を二人に授けました。しかし、一男一女を生むと、二人の神力は失われ、完全に凡人になってしまいました。

月日は流れ、天の神さまが二人の子供に授けた神力がまた戻ってきました。紅頭集落の竹の中に降ろされた竹生人は一男一女を生み、この子たちは成長すると結婚して子供を産みました。

しかし、おかしなことに、彼らの子供は目が見えず、奇形で、知能も低く、健康に生きることも大きく育つこともできませんでした。

漁人集落の大きな石に降ろされた石生人の子供も同じでした。

ある日、竹生人と石生人は海へ釣りに行ったときにばったり出会いました。彼らは自分たちの子供と孫のからだに起こったことについてしばらく話しをしたあと、娘をお互いに嫁にやり、今のこの状況が良くなるかどうか様子を見ることに決めました。

　数年すると、彼らが望んだようになりました。その後に生まれた子供たちはみんな賢く健康で、二人はとてもほっとしました。

　こうして、竹生人と石生人は知恵と知識と技術を後の代に伝え、女にはサツマイモ、イモガシラの栽培の仕方と植物についての知識と布の織り方を教えました。男には魚の捕まえ方と女の作物栽培の手伝い方、そしてもっとも大切なこととして、この島をどのようにして守るかを教えました。

　竹生人と石生人はしっかりと言い伝えました「何事も浪費してはいけない。必要な資源だけを使い、天が我々に与えたすべてのものを台無しにしてはいけない」と。

　その後、彼らはこの美しい島を守るために、島を守るためのルールをたくさん作り、この島を「ボンソノタオ」と名付けました。これは「人の島」という意味です。

達悟族

3 タオ族

◆

第2話

◆

トビウオの神

　タオ族の祖先は海辺で魚や貝をとり、山でサツマイモやサトイモを栽培して暮らしていました。彼らは心から神の恵みに感謝し、飢えや苦しみとは無縁でした。タオ族の人々は周りを海に囲まれた蘭嶼に住んでおり、海に対して深い愛着を持っていました。そして、海にたくさん泳いでいる魚の中でも、トビウオにだけ特別な思い入れを持っていました。

　羽を広げて飛ぶことのできるトビウオは、伝説でトビウオの神がタオ族に与えた贈り物であると言われています。しかし、タオ族の人々がトビウオをほかの食べ物と混ぜて煮て食べると、全身にできものができてしまいました。できものはかゆくて治りにくかったため、彼らはもう二度とトビウオを食べないと決めました。

　トビウオの神はタオ族の人々がトビウオを捕まえたあと、どう食べてよいかわからずにいるのを見て、とても悲しく思いました。トビウオの神はタオ族の人々に神が作ったものはすべて等しく尊いということをわからせるため、一つの巧妙な方法を思いつき、タオ族の人々が正しくトビウオを食べられるようにしようと考えました。

　そこで、トビウオの神は長老の夢の中に現れて言いました。「私はトビ

81

ウオの神である。タオ族の人々は、今日から私の言うことをすべて、一つの規則も、細かいところまでもらさずに守りなさい。おまえたちはトビウオを大切にし、神の贈り物を無駄づかいしてはいけない。トビウオを大事にして、私を悲しませてはいけないよ。」と。

　長老は「すみません、私たちはわざとトビウオに失礼なことをしたのではありません。ただ私たちがトビウオを食べたとき、からだのあちらこちらにできものができ、かゆくて治りにくかっただけなのです。」と申しわけなさそうに言いました。

　すると、トビウオの神は「いまから私がお前にトビウオの食べかたを教えよう。そうすれば、お前たちは皮膚病になることはないだろう。私の言うことしっかり覚え、絶対に漏らしてはいけない。これはお前たち民族の各世代の生活とルールに関わるからだ。」と答えました。

　長老はこれを聞いてすぐに「あなたが何をおっしゃろうと私はそれを心に刻み、人々にも守るように伝えます。」と言いました。

　トビウオの神は「毎年トビウオの季節が来た時には、トビウオを祭る儀式を行い、女は山に登ってサツマイモとサトイモを収穫し、男は木を切ってトビウオを乾燥させる台を作りなさい。季節になったら、男も女も仕事を手分けして、トビウオの豊漁を誠心誠意祈り、人々を海流と不慮の事故から守ってくれること、皆の平穏と健康を願わなくてはいけない。」と言いつけました。

　また、トビウオの神は「夫が海でトビウオを捕まえているとき、妻はカニを捕まえて夫の労をねぎらいなさい。そして、夫は捕まえたトビウオを煮て、妻と子供に食べさせなさい。トビウオが多すぎる時は、一家全員が協力して処理しなさい。そうすれば、トビウオを干して保存できるようになる。夫は妻と子供にトビウオを食べる時は外で食べてはならず、お腹いっぱい食べたら、皆に向かって『私はお腹いっぱい食べました、皆さんはゆっくりどうぞ』と言いなさい。食べ終わったら必ず手を洗いなさい。」と細かい教えを一つ一つ根気よく言いつけました。

達悟族

3 タオ族

「トビウオの季節には、不吉なことや人の悪口を言ってはいけない。ほかの魚を捕ったり、釣ったりしてもいけない。トビウオを捕るときも欲張りすぎてはいけない。一年分の量を満たせばそれでよい。」

「トビウオの季節が過ぎたあとは、家ごとに歌や踊りで豊漁と平安を祝いなさい。歓喜の日には、サツマイモやサトイモ、干し魚を親しい友人、とくに孤独な老人や海に出られない人に分け与えなさい。このようにして魚を食べ、互いに助け合えば、子孫は永遠に存続するだろう。」

トビウオの神が話し終えたあと、長老は目を覚ましました。彼は起き上がって外の石にもたれかかり、海のほうに向かって、トビウオの神の啓示について考えてみました。長老は心の中でトビウオの神の話は理にかなっており、海の恵みはすべて無駄にすることはできないと思いました。

あくる日、長老はトビウオの神の話の一つ一つを集落の人々に伝えました。人々はそれを聞いて、深くうなずき、トビウオの神の言いつけを守りたいと思いました。これがトビウオ祭のはじまりなのです。タオ族の人々は毎年トビウオ祭を開き、すべての生命への尊重と大自然への愛、そして神への畏敬の念を表しているのです。

第3話

タオ族の木船

　昔、天の神さまによってタオ族の住む地へと遣わされた、とても賢く、可愛らしい一匹のネズミがいました。彼は地底人の化身でした。

　地底人とタオ族はともに海洋民族で、暮らし方が同じだったので、お互いに理解しあうことができました。

　タオ族は、造船への理解はあったのですが，造船の技術に精通している地底人にはかないません。タオ族が海で網を使って魚を獲っても、いつも少ししか獲れないうえに、船もいつも浸水してしまいます。そこで、天の神さまは、地底人であったネズミをタオ族のもとに送り、彼らに造船の技術を教えることにしました。

　タオ族の集落へとやってきた地底人のネズミは、タオ族たちと仲良くなり、暮らしの上での様々な意見を交わしました。しばらくして、ネズミは十二人のタオ族を引き連れて、水の洞窟を抜けて、彼の故郷へと案内しました。

　「わぁ、なんとたくさんの人がいるんだ。私たちの部族よりもずっと多いぞ。」

　はじめて地底人の棲みかにやってきたタオ族たちは、弾む気持ちで興味

津々にあちこち見まわしました。地底人たちは、なごやかで、楽しい生活を送っているようでした。女たちは畑にサツマイモやサトイモを植え、布を織り、男たちは熱心に木を伐り、また造船技術の研究に励んでいました。彼らの造る船は、美しく、また先進的なものでした。

しかし、驚くべきことに、彼らの話し声は「ワン、ワン、ワン！」なのです。

なんと奇妙なのでしょう！

年寄りの地底人が、タオ族の訪問を友好的に迎えました。タオ族を案内したネズミは、彼らの文化と生活をよく知っているようでした。

地底人の長老がタオ族たちに言いました。「私たちはお互いに助け合って暮らしております。もっとも受け入れがたいのは、自分勝手な人です。私たちは、皆で力を合わせて一つ一つのことを成し遂げているのです。」

「先祖は我々に、山の木を伐りすぎてはいけない、という教えを残しています。ひとたび山林を破壊してしまうと、洪水や土砂崩れなどを引き起こしてしまうだけでなく、丈夫な船を造るための木材を失ってしまい、海に出て豊富な魚を獲ることが出来なくなってしまうからです。」

「海では、節度を持って魚を獲らなくてはいけません。家族で食べるのに足りれば、それで十分なのです。また、私たちは、わりあい肥沃な土地を選び、サツマイモやサトイモを植え、主な食糧源に、また祭儀で使う供え物にしています。これが私たち地底人とあなた方の最大の違いでしょうねえ。」

タオ族たちは、地底人の長老の話を聞き、環境を守りながら利用する彼らの姿勢に敬服し、また山林や土地や海をしっかりと保護することによってのみ後の世代に良い環境を残すことが出来るのだ、と考えました。

「あなた方は、どうやってこんなに丈夫な船を造っているのですか？」造船技術を向上させたいと願うタオ族は、さらに尋ねました。

地底人の長老は微笑んで言いました。「我々がどうやって船を造っているのか、あなた方に見せてあげましょう。」

タオ族は続けて、船を造るときいつも直面する問題について尋ねました。「私たちが造った船は、どうしてもあっという間に壊れてしまいます。漁で海に出る時さえうまくいかず、決まって船が傾いてしまうのです。」

長老は答えました。「美しく丈夫な船を造るのは簡単なことではありません。私たちも昔はあなた方と同じようなことを経験しておりました。そんな中で、天上の人が我々の祖先にこう伝えました。『舟を造るために必要なあらゆるものは、すべて母なる自然からいただくものであり、造物主と、我々が住んでいる大自然を重んじてこそ、初めて造物主の心に沿うことができるのです。』そこで、天上の人は、造船の技術と、その時に注意すべきことを私たちの祖先に伝え、私たちは代々天上の人が伝えた、その造船技術に基づいて船を造っているのです。」

地底人はタオ族に言い聞かせました。「船を造るというのは、とても厳粛で神聖なことです。男女で分業したり、協力し合ったりしてやっと完成するものなのです。」

そこで、地底人はタオ族の女たちに釘を刺しました。「あなたがた女たちはまじめに畑仕事をしなければなりません。サツマイモやサトイモ、ヤマイモ、アワを栽培するとき、いつも雑草を抜くようにしてください。そうすれば、植えたものは立派に育つことでしょう。豚や羊を飼うときには、女たちはとくに気を使わなければなりません。なぜなら、それらは船を祭る儀式の中で必要な供え物であり、祭った後は親しい友人に贈らなければならないからです。」

さらに続けて、地底人はタオ族に伝えました「あなたがた男たちは女たちが土地を拓くのを手伝い、女たちが耕作しやすいようにしなければなりません。なぜなら女たちが栽培するものはすべて船が完成した時に祭る儀式のときの必需品で、とても重要なものだからです。」

地底人がタオ族を連れて船を造っている場所に来た時、たくさんの人が一生懸命に美しい船を造っているところでした。

頭目が船を造る方法とそれに必要な技術について説明しました。「船を

達悟族

86

造るときには、必ずルールを守らなくてはいけません。

　第一に、山林を守るために、一族の者は船を造る前に必ず互いに相談しなければなりません。また、年長で、経験のあるものが船体の材料を選びます。

　第二に、人を罵ったり、不吉なことを話してはいけません。漁に悪い影響が出ないようにするためです。

　第三に、もしも船を造る人に、何か不幸なことや、家族の葬式などがあるときには、作業を停止しなくてはいけません。悼む気持ちを表すためです。」

　「船が完成した後は、進水式を行わなければなりません。あなた方が栽培した船一杯分のサツマイモやヤマイモ、また家畜の血を用いて船を祭り、みなで歌を歌い、踊りを踊って祝います。こうしてはじめて、さらなる幸福を呼び込むことができるのです。同時に、親しい友人を祝いの席に呼び、この素晴らしい祭典をともに楽しみます。」

　このように新しい船が完成したあとの祭儀を詳しく説明しました。

　タオ族たちは地底人が伝えた技術や注意を記録したあと、彼らにもらったサツマイモ、サトイモ、豚、羊などを手に集落に帰ってきて、それらを皆で分けあいました。それから、タオ族は自らの経験と地底人に教わった技術とを結びつけて、自分たちの新しい生活と文化を作りあげ、姿の美しい、丈夫で実用的な船を造り出すようになったのでした。

　しかしながら、どういうわけでしょうか、地底人のお話は先祖が語り伝えてきた伝説の中に、その後二度と出こないのです。

第4話

木の下の男の子

　タオ族の部族の中にとても賢くて、可愛く正直で親孝行な男の子がいました。この子の境遇はちょっと変わったものでした。そんなお話しです。昔ある若い娘が結婚もしていないのに赤ちゃんを身ごもりました。部族の人はその若い娘がしてはならないことをしてしまったと疑い、近寄らなくなりました。その若い娘は部族の人が自分のことを疑って噂しているということを知り、昼間に家を出て歩くことを怖がり、夜にしか外出しなくなりました。

　その娘のお腹はだんだんと大きくなり、外に出るのがさらに怖くなって、気をつかって隠れるようになりました。赤ちゃんがもう生まれそうというとき、その娘はこっそりと誰も知らない場所に隠れ、そして丸々とした男の子を生みました。その赤ちゃんは眼がぱっちりとしてとても可愛らしかったのですが、その赤ちゃんにはお父さんがいなかったので、娘は部族の人が可愛いわが子を嫌うことを恐れ、母親に頼んで夜中にその赤ちゃんを捨てに行ってもらいました。娘の母親は、はるか遠くのたくさん木が茂ったところへ行って赤ちゃんを捨てました。

　とある場所に仲の良い老夫婦が住んでいました。老夫婦は結婚してから

達悟族

3 タオ族

何十年もたっていましたが子供を授かることはなく、ずっと子供がほしい
と思っていましたが、神様は老夫婦に子供を授けませんでした。ある夜、
おじいさんが網を打って魚を獲るために海へと歩いている途中、ゆっくり
と林に近づいた時です。突然林の中から「おぎゃあ！」という声が聞こえ
てきました。おじいさんは不思議に思って声の出ている方に歩いていくと
木の下に横たわる男の子の赤ちゃんを見つけました。おじいさんは驚き喜
び、この可愛い赤ちゃんをかわいそうでたまらないと思いました。「こん
な可愛い赤ちゃんを棘がある木の下に置き去りにするなんて、誰がこんな
むごいことをするんじゃろ？」

　おじいさんは愛しい思いで赤ちゃんを抱き、家に連れ帰りました。家に
戻ると「おばあさん、わしは今日魚を捕まえにいかなかったんじゃ。林の
中で木の下にいたかわいい男の子の赤ちゃんを拾ってきたんじゃよ。」と
嬉しそうにおばあさんに言いました。おばあさんも赤ちゃんを見て「これ
はまさに神様からの贈り物だねぇ。」と、とても喜びました。おじいさん
はおばあさんに「たくさんお湯を飲みなさい。そうすれば赤ちゃんに飲ま
せるお乳が出るから」と言いました。

　このおじいさんとおばあさんは部族の人には隠して、気をつけながらこ
の男の赤ちゃんを育てました。男の子が大きくなって庭で元気よく飛び
跳ねて遊んでいると、近所の人々はとても不思議に思いました。「変だね。
あの夫婦は結婚して何年も子供が生まれなかったのに、今は歳をとってる
のに、なんで小さい子が走り回ってるんだろうね？」と言いました。

　大きくなってから男の子はよく海辺へ魚を釣りにいったり、おじいさん
とおばあさんが畑を耕し、サツマイモや里芋を植えるのを手伝ったりもし
ました。しかし、部族の子供と遊んでいるときに「お前はおじいさんとお
ばあさんの実の子供じゃないんだ！　お前は林の木の下から拾われてきた
子供なんだ！」とよくからかわれました。男の子は腹を立てながらも「僕
は母さんの子供で母さんのお乳を飲んで大きくなったんだ。僕の父さんと
母さんはとても僕を可愛がってくれるんだぞ！」と大声で叫びかえしてい

ました。

　誰かが男の子に同じ話をすると、いつも大喧嘩になりました。そして、家に帰っておばあさんに聞くのですが、おばあさんは優しく、そして、しっかりとした口ぶりで「お前はもちろん私の可愛い息子だよ。」と男の子を慰めるのでした。おばあさんの話を聞いて、男の子はとても安心しました。その男の子は年々大きくなり、ものもわかってきて一生懸命に家事を手伝いました。しかし部族の人は相変わらず「あの子はおじいさんとおばあさんの子供じゃないよ。」と言いふらしていました。男の子はもう困り果てたり、怒り出したりすることはなくなりました。

　見る間に男の子は成長して少年になり、姿格好も良く、賢くなりました。少年はいつもと同じように海へ魚を釣りにいったり、山へいってサツマイモや里芋を採ったり、家畜を飼いならしていました。ある日、少年はいつもと同じように山へいって耕していると、途中でなにやら見覚えがあるようなおばさんに出会いました。そのおばさんは面と向かってきて「ねえ！あんたは私の子供だよ！　私はあんたのお母さんだよ！」「僕はあなたの子じゃない！　お母さんは家にいるんだ！」少年は大声で否定しながらも、心の中には疑いが満ちていました。

　このおばさんはあきらめることなく、少年を見かけるといつもまとわりついてきます。少年はおばさんに付きまとわれることに堪えられなくなって、家に帰ってからおばあさんに「母さん！　僕はあなたの産んだ子ではないの？　なんでおばさんがいつも僕にまとわりついてくるの？」と尋ねました。おばあさんは目にたまった涙をぬぐい、かつて木の下から拾ってきた少年に対して「お前も大きくなったね。打ち明けるなら今だね。お前ももう一人立ちしているんだから、もう隠しきれないね。」と言いました。何年も少年を育てたおじいさんとおばあさんは、少年の境遇を包み隠さず伝えました。

　タオ族の社会では、豚や羊をさばいて親類や友達を宴に招待することがもっとも光栄なこととされていて、両親に対しても最も孝行なことです。

達悟族

少年はこれまで育ててくれたおじいさんとおばあさんの恩に報いるため、縁起の良い日に、大きく丸々としてがっしりとした豚と羊をさばいて、親類や友達を招待して宴を開きました。少年は生みの母も宴に呼びましたが、小さい肉を少しあげるだけでしたけれど、育ててくれたおじいさんとおばあさんには大きくておいしい肉をあげました。

翻訳：大阪大学外国語学部中国語専攻学生
監訳：古川　裕

台灣原住民的神話與傳說 3

達悟族
飛魚之神

◆

第1話

◆

竹生人和石生人

　　浩瀚的太平洋上，有一座非常神秘的島嶼，環海的四周有許多魚類和漂亮貝殼。島上的樹木高大又茂盛，到處可以看到美麗的蘭花、百合花和山菊花等等，還有五彩的珠光鳳蝶和可愛的白鼻心，以及夜間動物角鴞。

　　有一天，奇怪的事情發生了，海面上出現了一艘非常古怪的船，兩端尖尖的，船身呈 U 字形，緩緩地駛近這座神秘的小島。

　　當船抵達小島時，一群長相古怪的人從船上走了下來，他們看起來非人、非神、非鬼，有的肩膀非常寬大壯碩，有的眼睛特別大又凸出，有的手掌很巨大但腳卻十分小。這群奇奇怪怪的人被這座景色優美的島嶼所吸引，決定留下來居住。

　　他們的生活方式跟常人不一樣，每一個人都有特殊能力。

　　有一位名叫希・巴雷的人，每次因為意見不和就會跟別人起衝突，常常被打得不成模樣，但卻有死而復生的能力，並且在海中和陸地上都一樣能夠生活。

　　另外，有一位名叫希・烏拉曼的人，他們可以不必耕種，也不必到海邊捕魚，好像不用吃任何東西就可以過活。

　　有一天，身體強壯又高大的希・蓋雷提，將島上的人全都集合起來，

夕才族

94

並大聲宣布：「我叫希・蓋雷提，我要將天空再舉高一點，因為它太矮了。」

於是，他就把天空舉得高高的，沒有人能夠摸得到。

還有一位叫做希・杷吉拉勞的人，每當他看到胖嘟嘟的小孩和懷孕的婦女，就有一股想要吃掉他們的衝動。

不僅如此，這裡古古怪怪的人還很多。

自從古怪的人來到這座美麗的小島之後，島上的樹木和植物不再茂盛，鳥兒也不再快樂地歌唱了。過不久，來了一場大洪水，淹沒了這座島嶼以及這群古怪的人。

九年之後，天上的人讓這座小島再度浮出水面，漸漸地又開始長滿了樹木和其他生物，天上的人為了增添島上的美麗，再次賞賜了珍貴的植物蘭花、可愛的動物角鴞，以及美麗的珠光鳳蝶。

天上的人看到這裡又恢復了生機，於是降下祂的兩個孩子，吩咐一個孩子降在漁人部落的大石頭中，叫做石生人；另一個孩子則降在紅頭部落的竹子裡，叫做竹生人。

天上的人還賜給竹生人和石生人一項神力，就是他們身體的任何一個部位都可生下男孩或女孩。不過，當他們各自生下一男一女之後，就不再具有神力，成為完完全全的凡人了。

日子漸漸過去，天上的人賦予這兩個孩子身上的神力都應驗了。降在紅頭部落竹子裡的竹生人，順利地生下了一男一女，長大成人之後便結婚生子。奇怪的是，他們生下來的孩子不是眼睛瞎掉，就是身體畸形、智商低，養不活、長不大。

降在漁人部落巨石中的石生人，他的孩子也發生同樣的情形。

有一天，竹生人和石生人不約而同地去海邊釣魚時，恰巧在路上碰到，他們聊起了發生在孩子及孫子身上的事，經過一番討論之後，決定將雙方的兒女相互嫁娶，看看能不能夠改善現在這種情況。

事隔多年，果然如竹生人和石生人所期待的，之後生下的孩子個個聰明又有才幹，身體也非常健康，讓他們感到非常欣慰。

於是，竹生人和石生人便將智慧、知識及技藝傳授給下一代，教導女子

種植地瓜、芋頭、辨識植物和織布，教導男人捕魚及協助女人開墾，更重要的是如何保護這座美麗的島嶼。

竹生人和石生人還語重心長地交代：「千萬不可以浪費，只要取適量的資源，別糟蹋了造物者所賜予我們的一切。」

之後，他們為了保有這座美麗的島嶼，立下了許多規範做為管理島上的依據，並將這座小島命名為「碰書奴達悟」，也就是「人之島」的意思。

夕才族

3 達悟族

◆
第2話
◆

飛魚之神

　　達悟族人的祖先靠著在海邊捕魚、挖貝類，以及在山上種地瓜、芋頭，維持三餐溫飽；他們由衷感謝造物者的恩賜，讓他們遠離挨餓受苦。

　　達悟族人住在四面環海的蘭嶼，對於海洋有著濃厚的情感，而在海洋中悠游的眾多魚類之中，唯獨對飛魚情有獨鍾。

　　能夠展翅飛翔的飛魚，傳說中是飛魚之神送給達悟族人的禮物。不過，達悟族人卻將飛魚和其他食物混合煮來吃，結果身上長滿了瘡，又癢又難治，於是決定再也不吃飛魚。

　　飛魚之神看見達悟族人捕捉飛魚之後，竟然不知道該如何食用，十分難過，為了讓達悟族人明白造物者創造的每一樣東西都是最尊貴的，便想了一個巧妙的方法，引導達悟族人正確食用飛魚。

　　於是，飛魚之神託夢給長老：

　　「我是飛魚之神，我要你吩咐族人，從今天起遵守我所說的每一句話、每一項規則、每一個細節。你們要愛惜飛魚，不要浪費造物者的贈與，要尊重飛魚，不要讓我傷心、難過。」

　　「對不起，我們並非有意對飛魚不敬，只不過我們吃了飛魚之後，身上都會長滿了瘡，又癢又難治。」長老充滿愧疚地回說。

飛魚之神回答：「現在，我將如何食用飛魚的方法告訴你，你們就不會得皮膚病，要牢牢記住我所說的每一句話，絕對不可以遺漏，因為這也關係到你們族人世世代代的生活與規範。」

長老聽了之後便說：「您儘管說，我會牢記在心，並轉告要族人遵守。」

飛魚之神開始交代：「每年的飛魚季來臨時，要舉行祭飛魚的儀式，女人要上山挖地瓜、芋頭；男人要上山砍木材，製作飛魚架。季節到來的那一天，男人、女人都要分配工作，互相分工，並虔誠祝禱，祈求飛魚能夠豐收，保佑族人度過每一次海流或意外，大家平安、健康。」

「當丈夫下海捕飛魚時，妻子要捉捕陸蟹來慰勞丈夫的辛苦；而丈夫要將捕回來的飛魚，煮給妻子和孩子們吃。飛魚實在太多時，全家人要共同將魚處理乾淨，然後將飛魚曬乾儲存起來。丈夫要吩咐妻子、孩子，在食用飛魚時不可拿到外頭吃；吃飽後要跟大家說：『我吃飽了，大家請慢用。』用完餐之後一定要洗手。」飛魚之神耐心地交代每一項細節。

「飛魚季節裡，禁止說不吉祥或罵人的話，也不能捕捉或釣其他的魚類，而且捕飛魚時不能太貪心，只要捕足一年的份量就可以了。」

「飛魚季節過完之後，家家戶戶用歌聲、舞蹈，來慶祝豐收與平安。要在歡喜之日，將地瓜、芋頭、魚乾分給親朋好友共享，尤其是孤單的老人或無法出海的人家。這樣你們的族人才會年年有魚吃，同時在相互幫助之下，子子孫孫才會延續到永遠。」

飛魚之神說完之後，長老就醒過來了，他從臥房起身坐在屋外的靠背石上，面向著海洋，不斷地思索著飛魚之神託給自己的夢。長老心裡想著，飛魚之神說的話很有道理，怎麼可浪費海洋贈與的任何恩賜？

第二天，長老便將飛魚之神的話一一地轉述給部落裡的族人。大家聽了之後，都點頭稱是，願意遵守飛魚之神的話，這就是飛魚祭的由來。每年達悟族人舉行的飛魚祭，象徵著對每一個生命的尊重、對大自然的愛，以及對造物者的敬畏。

夕才族

3
達悟族

◆
◆

第 3 話

◆

達悟拼板舟

有一隻非常聰明又可愛的老鼠，它是地底人的化身，被天上的人派到達悟人居住的地方。

地底人和達悟族人都是海洋民族，生活方式一樣，所以很能夠相互溝通。

達悟族人對造船的領悟力雖然高，但仍比不上精通造船技術的地底人。達悟族人每次到海邊網魚時，不但捕獲量很少，船隻還常常進水，所以天上的人決定差派地底人——老鼠，到達悟族人居住的地方，教導達悟族人造船技術。

地底人來到達悟族人住的部落，跟當地的達悟族人相處融洽，也交換了許多生活意見。過了一段時間之後，老鼠便帶領著十二名達悟族人，沿著水洞，到地底人的家鄉去。

「哇！好多人，比我們的族人還要多。」

第一次到地底人的家鄉，達悟族人既興奮又好奇，忍不住東張西望。他們發現這群地底人生活十分和諧、快樂，女人種地瓜、芋頭、織布，男人專心伐木和研究造船技術，他們建造的船既漂亮又先進。

但是，他們說話的聲音卻是：「旺，旺，旺！」

好奇怪哦！

99

一位較年長的地底人，親切又友善地歡迎著達悟族人來訪，並帶領達悟族人認識他們的文化和生活方式。

地底人的長老對達悟族人說：「我們的生活是共有共享，最討厭自私的人，我們喜歡合力完成一項工作。」

「祖先教訓我們不能過度砍伐山林，因爲一旦山林被破壞了，不但會帶來水土的災難，我們也將沒有木頭打造堅固的船，更無法出海捕撈豐盛的漁獲。」

「在海中捕魚一定要適量，夠家人吃就可以了。我們會選擇較良好的土地種植地瓜、芋頭，當作主要的食物來源，並拿來作為祭儀中的祭品。這就是我們地底人和你們最大的不同吧！」

地底人的長老逐一說明自己族人的生活方式。

達悟族人聽了地底人的長老一席話，非常敬佩他們對環境的愛護和利用，也認為只有確實保護山林、土地及海洋，才能為後代子孫留下美好的環境。

「請問你們是如何打造出這麼堅固的船？」很想增進造船技術的達悟族人進一步問。

地底人的長老微笑地說：「我會親自帶領你們去看我們族人是如何造船的。」

接著，達悟族人提出造船時遇到的難題：「我們不管怎麼造船，船還是容易損壞；不但使用的時間很短，航向海洋時也不十分順利，船身總是不平衡。」

地底人的長老回答：「要造一艘美麗又堅固的船不容易，我們也曾經和你們有同樣的遭遇。後來，天上的人告訴我們的祖先：『造船所需要的一切都取自於大自然，必須尊重造物者和我們所居住的大自然，才能合乎造物者的心意。』於是，天上的人就將造船的技術和注意事項告訴我們的祖先，我們世世代代便按照天上的人所傳授的技巧去造船。」

地底人還不忘叮囑達悟族人：「造船是一件非常莊嚴又神聖的事情，需要男女分工合作才能完成。」

夕才族

3 達悟族

於是，地底人吩咐達悟族女人：「你們女人要勤勞耕種，種植地瓜、芋頭、山藥、小米時，記得隨時拔除雜草，種植的東西會繁茂碩大。至於飼養豬、羊，女人也要多費心，因為牠們都是祭船儀式中必備的祭品，之後還要分送給親朋好友當禮物。」

接著，地底人告訴達悟族男人說：「你們男人要幫助女人開墾，好讓她們可以耕種，因為她們種植的東西都是造船完成時，舉行祭船儀式的必需品，這是非常重要的。」

地底人帶著達悟族人來到造船的地方，好幾組人正在努力地共同建造一艘美麗的船。

一位領導者向達悟族人說明造船的方法與技術：「造船時必須遵守禁忌：

第一，為了尊重山林，造船之前，族人一定要彼此商量，並由較年長且較有經驗的人來選擇船身的材料。

第二，不能說罵人或不吉祥的話，以免影響漁獲。

第三，造船成員中，若有人遭遇不幸或家人有喪事時，應該停止工作，以表示悼念。」

「當船造好之後，要舉行下水儀式，將你們所種植的地瓜、芋頭盛滿船身，並用家畜的血來祭船，大家唱歌、跳舞來祭祀，這樣才能帶來更多的福氣和幸運。同時，也要宴請親朋好友，來共享這美好的祭典。」這名領導者詳細交代新船完成後的祭儀。

達悟族人記取了地底人所傳授的技巧和吩咐之後，就帶著他們贈送的地瓜、芋頭、豬、羊等等，回到居住的部落，並分享這一切。從此，達悟族人結合自己的經驗和地底人所傳授的技巧，重新建立屬於自己的生活與文化，並造出船身線條美麗又堅固實用的拼板舟。

不過，不知道為什麼，祖先留下來的傳說就再也沒有關於地底人的任何消息或故事了。

第4話

林投樹下的男孩

　　達悟族部落裡，有一個男孩非常聰明、可愛、善良、孝順，不過他的身世背後卻有一段不尋常的故事。

　　幾年前，有一個年輕女孩還沒有結婚就懷孕了，部落裡的人都懷疑這位女孩做了不該做的事，人人都不願意接近她。

　　當年輕女孩知道部落裡的人都對她起疑心且議論紛紛時，便十分害怕在大白天出門走動，只敢趁著黑夜出門。

　　年輕女孩的肚子漸漸地隆起來了，她更害怕出門，小心翼翼地把自己隱藏起來。

　　當孩子即將降臨人世時，年輕女孩偷偷地躲在沒人知道的地方生產，生下了一個白白胖胖的小男嬰，眼睛水汪汪的，非常可愛，可是因為孩子沒有爸爸，年輕女孩害怕部落裡的人不歡迎她可愛的孩子，便決定請媽媽在黑夜裡，將小男嬰丟棄。年輕女孩的媽媽，在離部落很遠且長滿了林投樹的地方，丟下了小男嬰。

　　在部落裡的另一處，住著一對恩愛的老夫婦，他們結婚多年都無法懷孕，非常渴望有個小孩，可是老天就是不賜給他們。

　　同一天夜裡，老先生在前往海邊撒網捕魚的路上，走呀，走呀，當他慢

達悟族

102

3 達悟族

慢地走近林投樹時，突然聽到林中傳來「哇哇！」的哭叫聲，他好奇地朝著發出聲音的方向走去，發現樹底下竟然躺了個小男嬰。老先生又驚又喜，卻不禁為這可愛的小男嬰嘆息：「唉，這麼可愛的孩子，是誰這麼狠心將他遺棄在這多刺的林投樹下呢？」

老先生憐惜地抱起小男嬰，將他摟在懷中帶回家。

老先生一回到家，開心地對妻子說：「老伴呀！我今天沒有去網魚，因為我在林投樹下撿到了這個可愛的小男嬰。」妻子看到小男嬰也萬分歡喜：「這真是老天賜給我們的禮物啊！」老先生不忘吩咐妻子：「妳要多喝開水，才能有母奶給小孩子喝。」

這對老夫婦瞞著部落裡的人，小心翼翼地把小男嬰扶養長大。當小男嬰漸漸地長大，在庭院裡活蹦亂跳時，左鄰右舍都覺得非常奇怪，部落裡的人都這麼傳著：「奇怪了！這對夫婦結婚多年都沒有生小孩，現在他們老了，怎麼跑出了個小孩呢？」

長大後的小男孩，常常去海邊釣魚供家裡吃，也幫年邁的老夫婦上山開墾，種地瓜和芋頭。

可是，當他和部落裡的孩子一起玩的時候，一些孩子都嘲笑他：「你不是你爸媽親生的，你是從林投樹下撿回來的孩子。」

他聽了非常氣憤，每次被逼急了，便大聲回答：「我是媽媽親生的，而且我是喝媽媽的奶水長大的，我的爸媽非常疼我。」

所以，每當有人跟小男孩說同樣的話，他都會和對方大吵一架，然後回家問母親，母親總是以溫柔但堅定的口吻安慰他：「孩子，你當然是我的寶貝兒子。」聽了母親的話，小男孩安心多了。

小男孩一年比一年成熟懂事，很勤勞地分擔家事，但部落裡依然有人嚷嚷：「他不是老夫婦的小孩。」現在，無論如何，他都不再因此感到困擾或動怒了。

轉眼間，小男孩長大了，相貌英俊又懂事，他跟往常一樣到海邊去釣魚，到山上採芋頭、地瓜，餵養家畜。

有一天，年輕男孩照往常一樣上山耕種，途中遇到一位看起來很面熟的

中年婦人，婦人迎面而來開口便說：「孩子！你是我的孩子呀！我是你的母親！」「我不是你的孩子，我媽媽在家呢！」年輕男孩大聲否認，心中卻充滿疑惑。

這位婦人不死心，每次看見年輕男孩就纏著他。年輕男孩受不了這位婦人的糾纏，回家後忍不住再問母親：「媽媽！我是不是您親生的孩子呀？為什麼總有一位婦人對我糾纏不休呢？」

母親拭去眼角的淚水，看著當年從林投樹下抱回來的年輕男孩說：「我的孩子，你長大了，事到如今，我不再瞞你，因為你已經可獨立自主了。」養育年輕男孩多年的老夫婦，便將他的身世一五一十地告訴他。

在達悟族的社會裡，宰殺豬、羊宴請親友是一件最光榮的事，也是孝敬父母的最好表現。

年輕男孩為了報答這對老夫婦的養育之恩，於是在吉祥的日子裡，挑選了又大又肥又結實的豬、羊來宰殺，並同時宴請親朋好友一起前來。年輕男孩也邀請了親生母親來共享，可是，他將又少又小的肉給她，而把又肥大又好吃的肉分給了養育他多年的老夫婦。

夕才族

パイワン族
パリの赤い目

台湾原住民の神話と伝説 4

第1話

パリの赤い目

　伝説によると、パイワン族に昔、パリという人がいました。彼の目は非常にすごい力を持っており、彼の赤い目に見られてしまったら、どんな動物、植物であってもすぐに死んでしまいます。

　パリは赤い目を持っているため、暗い部屋の中で生活するしかなく、いつもうつむいたり、人に背を向けたりして話していました。

　しかし、パリの赤い目も外敵の侵入を防ぐ武器となることがあります。近くの集落はパリのような人がいると聞くと、パリの集落を遠ざけて通るしかなく、近づくことができません。誰かが「パリが来たぞ！」と叫ぶと、みな急いで逃げていきました。

　ある時、パリは外で子供達の遊ぶ声が聞こえてきました。出ていって、子供達と一緒に遊びたいけれど、パリが現れると赤い目によって、子供達が驚いて逃げてしまったり、罪のない人を傷つけてしまったりするのではないかと心配していました。そこでパリはベルトを外して、それで目を覆いました。こうすることで外に出られるし、他の人を傷つけることもなくなりました。

　両目を覆ったパリは外の様子が見えません。一人で軒下に座って、耳で

排灣族

4 パイワン族

子供達の遊び声を聞いています。パリは子供達が楽しそうに遊んでいることを感じとれると、自分もまるでその中に入ったかのように、一緒になって大笑いしました。

しかし、パリは笑い声をあげたために、子供達から注目され、質問されることになってしまいました。「君は誰？　どうして目を隠しているの？」パリが自分の名前を言うと、外の子供達は、まるでこっそり粟を食べていたところを追い払われた小鳥のように、慌てふためいて逃げていきました。

まもなく、外はパリの元通りの日常となってしまいました——彼は一人ぼっちで孤独で、まるでとっくにみんなから忘れられてしまったかのようでした。

パリは泣いていました。その姿を石板の後ろに隠れていたバランという子が見ていて、彼女は「パリはとっても可哀想だわ。どうして彼には友達がいないの？」と思いました。

そこでバランは勇気を持って前に歩いて行き、パリに言いました。「私達友達にならない？　一緒に遊びましょう。」

パリはそれを聞いて、とても喜びました。それからバランは毎日、日が沈むとパリのもとへ遊びに来ました。

ある日、パリはバランに言いました。

「僕は君の声を聞くことしかできない。君の顔や外の世界を見てみたいよ！」

そこでバランは、パリに外の世界を見せてあげられる方法を思いつきました。竹の薄膜を取り出し、それをパリの目の上に張るのです。パリの赤い目は薄膜を隔てて、バランの姿を見たり、外の世界を見たりすることで、まわりのものはもう死の恐怖を感じることはなくなりました。

バランはパリを連れて帰りました。一族の人々は彼が来たのを見ると、みな隠れてしまい、パリを見る勇気がありません。すでに失明してしまったバランの祖母だけが、さつまいもと干し肉を取り出し、パリに食べさせました。

「どうしておばあさんだけは、私のことを恐れないのですか?」

パリはバランの祖母に言いました。

祖母は優しくパリに言いました。

「私の目は見えないけれど、私の手は感じることができるのだから、これも見えるということじゃないかね? けれど、あなたは目があるのに見たいものを見られないのでは、目があってもなくても同じじゃないか? 神があなたにその目を与えたのには、きっと神のお考えがあるのだよ。」

その後、一族の人々はパリの赤い目がもう人を傷つけることがないと知ると、彼を受け入れはじめました。日頃、パリはやはり竹の薄膜を目に張っていました。敵が近づいてくるのを見つけた時や、一族の人が結婚して遠方へ行く時に危険な目にあった時は、一番前を歩いているパリが、目に張っている薄膜をはがしさえすれば、首狩りに来た敵や凶暴な野獣も、パリの赤い目から逃げることはできません。

パリの能力は一族の人々に認められ、みなから尊敬される地位を得ました。

ある日、パリは子供達について谷に牛の放牧に行きました。正午の太陽は非常に強く、みな川に泳ぎに行きましたが、パリだけは大木の下でひと眠りしていました。

するとどこからか土蜂が飛んできて、パリが目に張っていた薄膜を取っていってしまいました。眠りから覚めた後のパリは、そんなことは全く知りません。目を覚ました時に自然に目を開けると、この瞬間、パリが見た牛、植物すべてが死んでしまいました。ちょうど川岸に上がって休んでいた子供達も、パリに見られたために死んでしまいました。

まだ潜ってエビを捕まえていた子供達数名だけが、パリの赤い目の視線を避けることができました。子供達は川岸に戻って、ようやく事件が起こったことを知ると、急いで集落に逃げていきました。

大人達は集落に戻ってきた子供達とパリのもとへやって来て、パリの責任を追及しました。しかし大人達も怖くて、パリにあまり近づくことがで

きません。この時バランが祖母を連れて、ゆっくりとパリの前に歩いてき
て、みんなに向かって言いました。

「パリの赤い目に罪はないわ。彼は赤い目でよく私達のことを助けてく
れたけれど、これまで何の見返りも求めなかったことを忘れないで。それ
なのに、私達は彼に感謝しなかっただけではなく、その上、彼の悪いとこ
ろしか覚えていない。それに今回は彼の過ちではないわ、彼はわざとした
のではないのだから。」

しかし、村の人々はやはりパリを集落の裏山に追いやることに決めまし
た。

裏山に追いやられたパリは、また孤独になってしまいました。唯一、彼
の癒しとなっていたのは、毎日午後にバランが遠くで彼を呼ぶ声が聞こえ
ることでした。

「パリ、バランだよ。食べ物を持ってきたよ。」

パリはバランが来たと知って、とても嬉しく思いましたが、やはり慎
重に、注意深く反対向きになって出てきて、赤い目がバランを傷つけない
ようにしました。

自責の念にかられたパリは、毎日後悔していました。一族の人々をこれ
以上苦しめるべきではないと思っていたため、バランが彼を遊びに連れて
行こうとすると、パリはいつも気を落として「もうここにいるのに慣れて
しまったよ。」と言い、パリは裏山を離れることはありませんでした。

ある日、敵はパリの住んでいる場所を知ると、遠くでバランの声をまね
て「パリ、パリ、私だよ。あなたの好きな食べ物を持ってきたよ。」と叫
びました。

パリは疑うことなく、背を向けて、頭を低くして出てきました。すると
敵はこのすきにパリの頭を切り落としてしまいました。

この日、まだ事情を知らないバランが裏山にやってくると、同じように
遠くで叫びました。

「パリ、バランだよ。おばあちゃんが煮たさつまいもを持ってきたよ。

パリ──パリ──」

　バランが部屋に入ると、パリが誰かに殺されていることに気づきました。傷つき、悲しんだバランは、ただ静かにパリを家の外に埋めました。

　一族の人々はパリが死んだという知らせを聞くと、悲しんでよいのか、喜んでよいのか分からずにいました。

　パリをとても恋しく思っていたバランは、ある日一人で裏山にやってくると、不思議なことに、パリを埋めた場所になんとビンロウの木が生えていました。木には赤くて大きなビンロウがなっていました。

　バランはビンロウの木の下に行き、頭を上げて木の上のビンロウを眺めていると、昔から知っているような、懐かしい気持ちになりました。

　バランが手でビンロウの木に触れると、突然、手のひらにパリの声が伝わってきました。

　「僕には目がないけれど、君だと感じることができる！　バラン、パリだよ！」

　バランがビンロウの木を抱いて泣いていると、またパリが言いました。「僕は死んだ後、ビンロウの木になったよ。木になっている赤いビンロウは、僕の赤い目のようなものなんだ。」この時、バランはようやく思い出しました。なぜ先ほど木の赤いビンロウを見た時に、あんなに前から知っているような気がしたのかを。

　一族の人々はパリを埋めた場所にビンロウの木が生えたことを知ると、落ちたビンロウを拾って、家のまわりに植えました。ある時、敵が攻撃しにやってきて、たくさんのパリの赤い目があるのを見ると、バランの集落を攻めることができませんでした。

　これが、なぜパイワン族の人はビンロウの実が大きくなって、時間がたって、黄色くなって、赤くなっても、実をとらないのかの理由でもあります。お年寄りが若者に「あれはパリの目だよ。集落を守り、一族を見守ってくれているんだ。」と言うからなのです。

排灣族

◆ 第2話 ◆

頭目の話

その1　水没した大地

　大地に人の手が加わるようになってから、パイワン族の人々は自分達を「アディダン」と呼んでいました。つまり土地の友人、土地を世話する人という意味です。その頃、家族の区別しかなく、まだいわゆる階級制度や、集落の観念はありませんでした。パイワン族の社会制度は、まるで土から発芽したばかりの種のようでした。

　長い間、土地の人々は常に神との約束を守ってきました。しかし、時が経つと、人々の貪欲さゆえに多くの紛争が起こり、お互いを敵視し、敵意を持つようになりました。人々はだんだんと神との当初の約束を忘れ、粟の茎を燃やし、ゆらゆらと立ちのぼる煙を神のいる場所に向け、平安を祈ることはなくなりました。また風神、雷神、雨神の力も信じなくなりました。

　数年後、大地は時に干ばつが続いたり、また時には豪雨が続いたりしました。頻繁に、朝に雷鳴が鳴り響き、落雷による火によって大地が焼け、灰の黒色になりました。黄昏時に吹き始めた強風によって、多くの植物が

根こそぎ抜けてしまいました。干ばつの続く大地では、砂ぼこりが舞い上がり、燃えてしまった灰も混ざっており、空全体が薄暗くどんよりとなってしまいました。

この時、土地の人々はようやく自分達の貪欲な行いを後悔しはじめましたが、この時になって、たとえ粟の茎を燃やし、煙を起こしても、もう神の返事を得ることはできませんでした。

ある日、またたらいの水をひっくり返したかのような豪雨が降りはじめました。落ちてくる雨粒はまるで里芋のように大きいものでした。するとみるみるうちに、数か月降り続いてたまった雨水は、いまにも空に届きそうなほどまでになりました。

洪水になる前に、一部の人々は神の指示を聞き、まずススキを刈り、太ももほどの太さの束にすると、さつまいも、里芋、粟などの食糧をススキの束の中に隠しました。

神のお告げを受けていない人々は、彼らをからかって言いました。「粟を放っておいて収穫しないままで、食べられず、役に立たないススキを集めてどうするんだ？」

神のお告げを受けた人々は、まようことなく、努力してより多くのススキの束を作り続け、束ねたものを大木の最上部に置きました。洪水が一定の高さになった後、みな木の上に登り、事前に準備しておいたススキ一束一束を一緒にして、一かたまりの水上に浮かぶ陸地のようにしました。彼らは運よく災難を逃れることができ、神のお考えがようやく理解できました。

神はまたススキ、農作物、大鍋、火おこしなどを集めるように指示しました。また干し肉、シナウン（食べ物の名称）、アーウアイ（食べ物の名称）の三つの食べ物と、乾燥木材、かまどにする石三つ、かまどの下に敷く石板を持ってきた人もいました。

しかしある日、ある家の子供がかまどにおしっこをしてしまいました。神は尿くさい煙を嗅ぎつけると、このような失敬な行動に非常に怒りまし

排灣族

た。

神は土地の人々に厳粛に忠告しました。

「土地の人々よ！　お前達が燃やして漂ってくる煙は、天界を行き来する使者なのだ。話せるだけではなく、煙は天界から陸地への目印でもある。非常に神聖で厳かなものなのだ。」

神は言い終えると、人々から火を使う権利を奪ってしまいました。

大人達はかまどにおしっこをした子供を罰するために、生の里芋をおしっこをするところに塗り、子供がかゆくて、おしっこができないようにしてしまいました。

パイワン族のお年寄りは言いました。「絶対にかまどにおしっこをしたり、水で火を消したりしてはならんぞ。これは神に対して失礼な行いだ。」

しかし、もし火が自ら消えてしまったら、「火は休息中で眠っている」ことを意味するのです。

みながまさに火おこしがないために困っている時、パルジェババウという老人が、パイプを吸いながらやって来て、みなに向かって言いました。「もしお前達が私に何を持ってきたのかと尋ねたら、何も持ってきていないと答えるけれど、神は私に、ここを離れる時にパイプの刻みたばこをいっぱいにするのを忘れないようにと言っていたなあ。」この時、老人パルジェババウは力いっぱいにパイプを吸っており、口からゆっくりと煙を吐き出すと、みなようやく神が老人に指示したお考えが分かりました。

老人パルジェババウはパイプの火おこしを取り出し、手に置き、それを問題を起こした子供に渡すと、老人は言いました。「火を燃やし続けるんだぞ！　洪水が引けるまで、お前はずっと火を見守り、火の守り人となるんだ。」

子供はしっかりうなずきました。

そして、子供は実際の行動で老人パルジェババウに感謝しました。老人がパイプに火をつける時は、子供は素早くかまどの前に行きました。老人の喉が渇いたら、子供は急いで水をとりに行きました。老人が重たいもの

を背負っているのを見ると、子供は進んで代わりに背負いました。

老人を尊敬することは、パイワン社会の重要な礼儀、伝統です。パイワン族の老人はよく口にしています。「私の知恵と経験は、敬うことを理解し、礼儀正しい子供に渡さなければなりません。私は待っているのです。私が引き渡したいと思う、その子供を。」

老人はまた言いました。「若者達は年長者の知恵を進んで学ぶべきです。その得る過程こそが、自分達一族の関係を学び、理解する過程なのです。」

その2　赤嘴鳥、火を取り戻す

洪水はまだおさまる様子はなく、ススキの茎は大量の水を吸収していました。たくさんのススキが集まってできた陸地は、多くの水を吸ったため、だんだんと沈んでいきました。

老人パルジェババウが残していた火起こしさえ、湿ったススキとともに消えてしまいました。そこで人々はまた子供をとがめました。

老人パルジェババウは重々しい様子でみなに言いました。「洪水によってすべてが埋もれてしまったのは、人々の心の貪欲さによるものだ！　神のあわれみによって、私達は幸いここにいるが、お前達はこのような幸せを大切にせず、言い争いを起こしてばかりだ。」

老人パルジェババウはまた言いました。「問題が起こった時に、解決する方法を求めず、かえってより多くの争いを起こすとは、あまりにも愚かすぎる。今日起こったこれらの出来事は、神の私達に対する試練なんだぞ！」

そこで、ある人が火起こしを取り戻しにいこうと提案しました。しかし、何度行っても手に入れることができず、あと少しというところで返ってきたこともありました。

ある時、カラスに火起こしを取りに行かせ、戻ってくる途中、まさにススキの陸地に着くというところで、カラスの口が火でやけどをしてしまい、「アー、アー、アー」と大声で叫びはじめました。火起こしはこうして口

排灣族

116

から出てしまいました。

　最後に、赤嘴鳥に火起こしを取りに行かせ、ようやく順調に取って戻ってきました。しかし、赤嘴鳥は非常に大きな代償を払うことになりました。もともと鳥の口と両脚は黒色だったのですが、火起こしが水に落ちないように、鳥は口と両脚を交互に使って火起こしを守った結果、やけどをして赤い口と赤い脚の赤嘴鳥となってしまったのです。

　赤嘴鳥は火起こしを持って帰ると同時に、近くに陸地があるとの知らせも持って帰ってきました。伝説の中では、その陸地こそが現在の大武山なのです。

　赤嘴鳥の指示で、人々は陸地の方向へ漕いでいきました。長いこと漕いで、やっと赤嘴鳥が示していた場所に着きました。陸地に着いたら、多くの食べられるもの、使えるものがあると思っていました。しかし人々を失望させたのは、一面荒れ果てていたことだけではなく、今回の旅で消耗した体力を補うために、みながたくさん食べ、食料が減ってしまったことでした。

その3　百歩蛇、陶壺、頭目

　それからまた時間がたちましたが、洪水はやはりおさまる様子がありません。ある日、大武山の山頂に光る陶壺が現れました。そこで人々は山に見にきましたが、近くで百歩蛇が見守っているため、あまり陶壺に近づく勇気が出ず、遠くの場所から見ていることしかできません。

　しばらくしてから、木の後ろに隠れて観察していた人は不思議に思いました。「なぜ陶壺が太陽に照らされた後、中で何かが動いているような気がするんだろう。」

　ある日、陶壺が突然割れて、一人の人が出てきました。陶壺の外で縮こまって伏せていた百歩蛇は、すぐに自然と道を開けて譲りました。このような様子を見て、木の後ろに隠れていた人は非常に不思議に思い、急いで走って帰り、他の人に教えました。

おかしなことに、陶壺が割れると同時に、洪水もだんだんとおさまりはじめました。しかし、食糧がもうすぐ尽きてしまうため、人々はまた慌てはじめました。

人々がどこへ食糧を探しに行こうかと相談する時になると、空はまた雷が鳴り、風が吹きはじめました。この時、神がかつて言った言葉を思い出した人がいました。

「神はかつて予言していました。いつの日か天の洞窟が開いて、粟の種を洞窟の入り口に置いておくので、度胸、見識、能力のある人を天の洞窟まで登らせ、その種を持って帰りなさいと。」

その言葉の通り、人々は天の洞窟を見つけ、力を合わせて竹を長く一本一本に切り、一本ずつつないで神が指示した天の洞窟まで伸ばし、最も強くたくましい人に登らせました。しかし、洞窟の入り口に着くと、その人の肩が広すぎて入ることができず、入り口で引っかかってしまいました。

そこで子供に行かせることにしました。すんなりと天の洞窟に入ることができると思っていましたが、子供は背が低く、力も弱いため、天の洞窟まで登る力がなく、達成することなく戻ってきてしまいました。

多くの人が何度もチャレンジしましたが、誰も粟を取ってくることはできませんでした。

神の言葉を思い出した人は、また夢でたくさんの百歩蛇を見ました。夜が明けてから、彼は急いで他の人に知らせると、みなはようやく陶壺から生まれた人のことを思い出しました。おそらくあの人が最後の希望なのです。

人々が陶壺から生まれた人にお願いに行こうとしたところ、一匹の短くて太い百歩蛇が、まさに彼らのほうに向かってやって来ました。蛇はゆっくりと頭を上げると、天の洞窟の入口につながる竹竿を見て、意味深長な様子で言いました。「この事をお前達の村の頭目に知らせてやる。」

ある人が好奇心からさらに尋ねました。「頭目とはなんだ？」

百歩蛇は不満からシャーという音を出しましたが、再び口を開くことは

118

ありませんでした。しかし、まわりから神の声が聞こえてきました。

「もし陶壺から生まれた人が、天の洞窟に置いた粟の種をうまく取って くることができれば、彼こそがお前達の頭目だ。なぜならお前達はすでに 貪欲になってしまい、当初の私との約束を忘れてしまったから、すべての 権利を頭目に渡し、頭目が管理し、お前達は必ず頭目に従わなければなら ないことにする。」

数日後、陶壺から生まれた人が天の洞窟の下の竹竿あたりに現れました。 人々は彼を見るとからかいました。

「あんなに痩せた小さな体で、栄養だって不十分だし、彼が登る必要は ないよ。彼の足では竹竿を捉える力すらないよ。」

みながバカにしたような、見下した視線で陶壺から生まれた人を見てい ました。

「もし私が本当に粟の種を持ち帰ることができたら、約束は守ってほし い。」陶壺から生まれた人はそのように言いました。

みなは話し合った後、粟を持ち帰ることさえできれば、彼の要求にすべ て応じると約束しました。そこで陶壺から生まれた人は鼻笛を吹き、鼻笛 の音で百歩蛇と交流すると、多くの百歩蛇がついてきました。百歩蛇はつ ないだ竹竿に一匹また一匹と巻き付いていき、陶壺から生まれた人は百歩 蛇の上を踏んで、軽々と天の洞窟まで登っていきました。みなは口を開け て、目を大きく見開き、陶壺から生まれた人が粟を取ってくるのを見てい ました。

天の洞窟から降りてくる時、陶壺から生まれた人が力いっぱい竹を揺ら すと、その瞬間、粟は地面いっぱいに落ちていきました。すると女性はス カートを引っ張り、男性はマントを広げて、興奮した様子で一粒一粒、大 切な粟を受け取りました。

陶壺から生まれた人が地面に戻った後、彼が手にしっかりと実った粟を 一本しか持っていなかったので、みなは非常に怒り、彼に言いました。「お 前の持っている一本の粟で、私達が食べるのに足りるわけがないだろう。

これでお前の要求に応じられると思うか？」

　陶壺から生まれた人は言いました。「私はあなた達が食べる粟の種を持って帰ってきたのです。落とした種はあなた達が栽培するためのものです。」

　「天の洞窟から落ちた粟の種は、もし辛抱強く世話をすれば、いつの日か私の手にあるようなちゃんとした粟になるでしょう。もし粟の種が発芽して、実を結ぶのを待てない人がいれば、私の手の中の粟を持っていって食べなさい！」陶壺から生まれた人は手の中の粟を高く挙げて言いました。

　陶壺から生まれた人が粟を空中に投げると、人々は粟をこっそりと食べる小鳥が先を争うかのように、急いで粟を取りました。

　すると奇妙なことが起こりました。粟を奪って食べた人は、次の日、小鳥になってしまったのです。この時、人々はようやく陶壺から生まれた人が言った言葉の意味を悟りました。「一粒の粟の種が成長し実を結ぶのを待ち、世話できる人は、苦労して耕作しさえすればお腹を満たすことができます。しかし、急いでお腹を満たそうとする人々は、苦労もせずに成果を求め、努力しようとしません。小鳥になったのは、彼らに対する罰なのです。」

　陶壺から生まれた人が言ったこの言葉に、みなは賛成しました。人々も前の約束を守ることにしました。

　陶壺から生まれた人は言いました。「あなた達は土地を持っていますが、もし粟がなくなってしまったら、土地は何の役に立つでしょう？　今、私は粟を持ってきたのですから、あなた達の子孫は代々繁栄していくでしょう。」

　続けてまた言いました。「洪水がすべてを奪ってしまいました。今、新しい秩序が必要です。私の粟とあなた達の土地を交換し、粟はあなた達のもの、土地は私のものとして、収穫後、私は片手でつかめる粟さえあればそれで十分です。また百歩蛇は、私が順調に粟を取ってくるのを手伝ってくれたのですから、今後あなた達は百歩蛇を権威、才能、知恵の象徴として見なしてください！」

4 パイワン族

陶壺から生まれた人はみなを完全に敬服させ、人々は彼を頭目としました。

頭目は大きな石に向かって歩き、その上に立つと、力いっぱい体と髪の毛を振り動かしました。すると粟が落ちていきました。

「これらの粟は、頼るところのない、家のない人にあげるものです！今後、みなともに喜びを分かち合い、また苦しみを分け合いましょう。」陶壺から生まれた人は人々に言いました。

陶壺から生まれた人は階級制度を作り、人々の生活に秩序が生まれました。平民は頭目の心遣いに感謝し、頭目に住居、衣服など装飾上の特権を与えました。

頭目はこれらの特権を持っていましたが、平民と平等な地位で、それによって変わることはありませんでした。それどころか、平民は頭目の親のような存在であり、平民の勤勉な労働がなければ、頭目に栄光、収穫はないと言うことさえできます。

粟と土地を互いに管理するようになってから、頭目と平民の相互の働きかけは密接で、離れることのできないものとなりました。粟だけあっても、土地がなければ粟は育てることができません。また土地だけあっても、粟がなければ、土地が何の役に立つというのでしょう。

平民は開墾、耕作によって肉体労働を提供し、頭目は一心に管理し、頭脳労働に従事しました。仕事の分担と労働への参加によって、一族をつなぐ力と秩序がもたらされました。これがパイワン族の最も古くからある階級制度なのです。つまり、パイワン族は頭目なしでは成り立ちませんし、またそれ以上に、平民なしでは成り立たないのです。

第3話

ブランコの恋物語

　パイワン族の頭目の家では結婚する人が出る度に、ブランコをこいで神と先祖をお招きします。なぜならパイワン族は、ブランコは神と先祖が人間界に来るはしごであり、重要な喜び事は当然お招きして、一緒に喜ぶべきだと信じているからです。

　ブランコの彫刻や装飾は、頭目家族の人数によって異なります。ブランコの揺れる縄にも、音の出る鉄パイプや鈴をくくりつけます。

　老人はいつも言います。「鉄パイプと鈴はくくる数が多いほど、粟が多く収穫できたことを表しているんだ。また近隣の村に、私達の収穫祭に参加するよう知らせる意味もある。それに神と祖先も招かれてきて、ブランコに座ってながめているんだ。」

　パイワン族にはブランコに関する美しいお話があります。

　昔、カクリクリ家に女の子がおり、名前はルクといいました。彼女は頭目の娘で、平民のベナクと愛し合っていました。双方の家柄が違いすぎるため、娘側の家族に非常に反対されました。しかし、二人はそれでもいつも一緒で、この秘密はルクの祖母だけが知っていました。

　ある日、突然ある人が家に縁談話を持ってきました。しかしルクは絶対

排灣族

122

4 パイワン族

に応じるはずがありません。祖母はこっそりとその情報をルクに知らせ、ルクは先に隠れてしまっていたため、縁談話を持ってきた人は帰るほかありませんでした。

その後、祖母はルクに言いました。「こうしていても解決の方法にはならないよ。いつの日かあなたもお嫁に行かなければならないのだから。」

ルクは首を振って、絶対に行かない、ベナクだけを愛していると言いました。

祖母は答えました。「ベナクは平民なのだよ。たとえ私が認めたとしても、お父さんやお母さんは？　二人は絶対に認めてくれないわよ。」

その後、やはり多くの人が縁談話を持ってきましたが、ルクはどうしても受け入れませんでした。

ある日、ルクの父は娘が嫁に行かない原因を知り、ベナクに言いました。「もし私が要求する四つの事を成し遂げられたら、娘をお前に嫁にやろう。」

「一つ目は、雄鷹の羽毛を持ち帰ること。二つ目は、雲豹の歯を抜いてくること。三つ目は、百歩蛇の子供を持ち帰ることだ。」

四つ目になって、頭目は少し考えて言いました。「神のところへ行って、瑠璃珠の中で最も貴重な珠を取ってくるんだ。もしこれらのものすべてが手に入ったら、貴族の服を着て娘を迎えにこい！」

ベナクは聞き終えると、心の中で思いました。「雄鷹の羽毛を持ち帰るなんて、そんなの無理だよ。雲豹の歯を抜くなんて、命を失うに決まってる。百歩蛇の子供を持ち帰るなんて、天に登るよりも難しいよ！」

「神のところへ行って、貴重なきれいな瑠璃珠を持ち帰れなんて、まったくもって無理難題を押しつけている。貴族の服を着てルクを迎えに行くなんて、言うまでもない。」

ベナクは足の力がぬけて、地面にひざまずくと、涙を流し、自分がどうすることもできないのを恨みました。

パイワン族の人々は、雄鷹を神が土地を見まわるための使者と見なしています。雲豹は土地の精霊です。なぜなら雲豹の毛皮はまるで土地の色の

ようで、人に見つかりにくいからです。神聖な百歩蛇は一族の守護神であり、百歩蛇のことに言及するだけで、人々は敬意から畏れ多く感じてしまうのですから、その百歩蛇の子供を持ち帰るなんて言うまでもありません。高貴できれいな瑠璃珠は、遠く離れた神の場所にあるのですから、そこへ行った人がいるなんて聞いたこともありません。

　ベナクは行ったら、なにごともなく、無事に戻ってくることはできやしないと知っていました。また頭目がこのように故意に困らせようとするのは、ただ自分とルクが一緒になるのを阻止するためにすぎないことも知っていました。しかし彼は心を決めて、すぐに早朝に出発する準備をし、どのようにこの四つのものを持ち帰るか考えていました。

　空が少し明るくなった早朝にベナクは出発しました。その旅は数年にも渡りました。

　ベナクは誰にも負けない気力で、土地の果てまで歩きました。しかし、神の場所への道はどうしても見つかりません。彼は非常に暗い気持ちになりました。

　帰り道、突然何かが太陽を遮ったのを感じました。彼が顔を上げて空を見ると、翼を広げて旋回する雄鷹が目に入ってきました。この時、空からなんと数本の羽毛が落ちてきました。ベナクがもう一度顔を上げると、雄鷹の影はすでに見えなくなっていました。ベナクは雄鷹の羽毛を竹筒に入れました。

　雄鷹の羽毛を手に入れた後、ベナクは高い山の尾根を越え、太陽が沈むところで雲豹の毛皮を着た老人を見かけました。ベナクは大喜びで向かっていきました。「すみません、着ている雲豹の毛皮はあなたのものですか？」

　老人はうなずきました。ベナクは続けて尋ねました。「すみません、どこに雲豹がいるのでしょうか？」

　老人は答えました。「もうあちこち走り回らなくていいですよ。私はここでずっとあなたを待っていたんです。」ベナクはそれを聞いて、非常に驚きました。

排灣族

4 パイワン族

老人は何も言わず、すぐさま口の中からあるものを取り出し、手に握ると、ベナクに受け取らせました。ベナクは老人の手の中のものを受け取ると、腰を抜かすほど驚きました。雲豹の歯がなぜここに！　ベナクが理由を尋ねようとした時、老人は雲豹に化けてしまいました。尖った爪を伸ばし、ベナクの体をあちこち引っかくと、ベナクは驚きで気を失ってしまいました。

ベナクは昏睡状態の中で、夢で雲豹になった老人に出会いました。老人は彼に言いました。「あなたの体の傷は、私の歯を抜いた功績の証です。雲豹の毛皮はプレゼントとしてあげるので、歯と雲豹の毛皮を一緒に持って帰りなさい！」

ベナクは目が覚めた後、半信半疑でしたが、体の痛みと傷、地面の雲豹の歯と雲豹の毛皮から、彼は信じるしかありませんでした。

これまでのパイワン族の風習では、一族の人が雲豹を手に入れると、歯と雲豹の毛皮をまず頭目に渡して選んでもらい、その残りを、雲豹を捕まえた人のものとしてきました。ベナクは自分がなんとこのような貴重なプレゼントをもらえるとは思ってもいませんでした。

ベナクは感謝の気持ちいっぱいで雲豹の歯を受け取ると、雲豹の毛皮を着て、帰路につきました。しかし帰り道、彼はうっかり百歩蛇を踏んでしまいました。

百歩蛇は首をあげて、鋭い牙をベナクの体に刺しました。ベナクは数歩歩くと、ぼうっとしてしまい、大樹の下に倒れてしまいました。ぼんやりとした中で、百歩蛇が彼に話しかけるのを聞いたような気がしました。「お前を嚙んだのは、お前が戻ってから一族の人に、私達の子供を捕まえようなんて考えるなと伝えてもらうためだ。今後も私達にこのような失敬なことをしようものなら、その時はどうなっても知らないからな。」

百歩蛇は去る前にまた言いました。「しかし、私が鋭利な刃物に化けるから、それで百歩蛇の子供を持ち帰る約束のかわりにしてくれ。」

その言葉通り、ベナクが目を覚ますと、両手にまさに蛇の形をした短刀

を握っていました。これはパイワン族の人々が自分の刀に蛇の形を彫る由来でもあります。

　ベナクはこれら三つのものを手に入れ、あとは高貴で美しい瑠璃珠を欠くのみとなりました。

　ベナクの誠実さと気力に神は非常に感動し、高貴で美しい瑠璃珠を陶壺に付けました。しかし、その陶壺の中に奇妙な昆虫をいっぱいに入れ、ベナクの帰り道に置きました。

　ベナクが歩き続けていると、遠くに光り輝くものが見えました。好奇心から、前に行って見てみると、陶壺と瑠璃珠を発見しました。しかし、彼は苦労することなく得られた瑠璃珠と陶壺に、非常に申し訳ない気持ちになりました。そしてぼうっと道端に立って長いこと考えました。しかし、愛するルクが、これらの贈り物を持って帰ってくるのを待っていると思うと、やはり赤い布で包んで持って帰ることに決めました。

　ルクの父親は、ベナクが旅立って何年も行方が分からないうちに、娘を別の人に嫁がせようとしました。しかしルクはまだベナクを愛しており、ベナクはきっと無事に戻ってくると信じていました。そのため、ルクはその希望を結婚の儀式の一つであるブランコこぎに託しました。一心にブランコを高く遠くまでこぐことで、遠くにいるベナクに知らせようとしたのです。

　パイワン族の人々は「女の子はブランコをこぎ終えると、本当に嫁に行くことを意味する。しかしブランコをこぐ前は、婚約を解消できる。」と考えていました。

　ルクはブランコをこいでいるのを、ベナクが見ればきっと急いで戻ってくるはずだとずっと信じていました。結婚のブランコこぎがはじまりました。ベナクを信じ、心待ちにしていたルクは、期待通りベナクが遠くから帰ってくるのが見えました。

　困難な長い道のりを歩いて帰ってきたベナクは、約束のものを持って、すぐさま頭目の前にやって来ました。頭目は一つ一つ、雄鷹の羽毛、雲

排灣族

126

4 パイワン族

豹の歯を確認した後、振り向いて尋ねました。「百歩蛇の子供はどうした？」

　この時、ベナクが手に持っていた刀が、突然百歩蛇に変身しました。まわりで見ていた人もみな驚きの声を上げ、信じられませんでした。

　続けて、頭目は陶壺を受け取り、陶壺の中にたくさんの昆虫がいることを不思議に思っていると、突然、頭目の手の中の陶壺が地面に落ち、陶壺の中の昆虫は一つ一つの瑠璃珠になりました。

　頭目はベナクに要求した雄鷹の羽毛、雲豹の歯、百歩蛇模様の刀、瑠璃珠を一つ一つみなの前に披露しました。そこで頭目はベナクとの約束を守り、みなの祝福の声の中、ルクは嬉しそうにブランコをこぎ、ベナクに嫁ぎました。

　その後、ベナクがルクを娶る際に贈った四つの宝物は、パイワン族の人々が結婚する時に必ず必要な結納の贈り物にもなりました。

翻訳：中田　聡美

監訳：林　初梅

台灣原住民的神話與傳說 4

排灣族
巴里的紅眼睛

◆

第1話

◆

巴里的紅眼睛

パイワン族

　　傳說中，排灣族古時候有個叫巴里的人，他的眼睛非常厲害，只要被他雙紅的眼睛看到，任何動物和植物都會馬上死去。

　　就因為巴里有著一雙紅眼睛的關係，他只好待在昏暗的屋子裡生活，並且總是低著頭或背對著人說話。

　　不過，巴里的紅眼睛也常成為抵禦外敵入侵的利器，鄰近部落聽到有巴里這麼一號人物，只好遠遠地繞過他的部落，不敢接近；當有人喊著：「巴里來了！」每個人都會快速的跑開。

　　有一次，巴里聽到屋外孩子們的嬉戲聲，很想走出去和他們一起玩，可是又怕他的出現和紅眼睛，會把孩子們嚇跑或傷到無辜的人。於是，巴里便解下腰帶矇住眼睛，這樣一來就能走出屋外，傷不到別人了。

　　矇住雙眼的巴里，看不見屋外的情形，一個人獨坐在屋簷下，用耳朵聽著孩子們的嬉笑聲。巴里可以感覺到孩子們玩得很開心，自己好像也加入其中，跟著笑開懷。

　　但是，巴里的笑聲卻引來一些小孩的注目和疑問：「你是誰，為什麼要將你的眼睛矇住？」當巴里說出自己的名字，在屋外的孩子們就像偷食小米被趕走的小鳥般，驚慌失措地跑散開來。

130

4

排灣族

　　沒多久，屋外變成巴里所熟悉的情景——只有他孤獨一個人，像是早被遺忘了。

　　巴里哭泣著，被躲在石板後面一位叫做保浪的小孩看到。「巴里好可憐，為什麼他沒有朋友。」保浪心想。

　　於是，保浪大膽地走向前，對巴里說：「我們做朋友好不好，我跟你一起玩。」

　　巴里聽到了非常高興。從此，保浪每天黃昏之後，都會來找巴里玩。

　　有一天，巴里對保浪說：「我只聽到你的聲音，我好想看到你的臉和外面的世界喔！」

　　於是，保浪想出了一個能讓巴里看到外面世界的方法，就是將竹子裡的薄膜取出，貼在巴里的眼睛上，巴里的紅眼睛隔著薄薄一層的薄膜，看到保浪的樣子，也看到外面的世界，周圍的東西不再受到「死亡」的威脅了。

　　保浪將巴里帶回家，族人一看到他來，全躲起來不敢看，唯獨保浪已經失明的祖母，拿出地瓜和乾肉給巴里吃。

　　「為什麼只有妳不怕我？」巴里對著保浪的祖母說。

　　祖母慈祥地對巴里說：

　　「我的眼睛雖然看不到，但我的手卻能感覺得到，這不是也一樣能看見嗎？但是你有眼睛，卻不能看到你想看的東西，有眼睛和沒眼睛不是一樣嗎？相信造物者給你的那雙眼睛，一定有祂的道理。」

　　之後，族人知道巴里的紅眼睛不會再傷人，便開始接受他。平時，巴里還是要將竹子的薄膜貼在眼睛上，一旦發現敵人接近，或是族人結婚到遠處遇到危險，走在最前面的巴里，只要將貼在眼睛上的薄膜拿開，前來出草的敵人或兇猛的野獸，都逃不過巴里的紅眼睛。

　　巴里的能力受到族人的肯定，享有崇高的地位。

　　有一天，巴里跟著一群小孩子到山谷放牛，中午的太陽非常大，大家都到河裡游泳，唯獨巴里一個人在大樹下小睡。

　　不知道哪裡飛來的土蜂，將他貼在眼睛上的薄膜取走，睡醒後的巴里並不知道，起來時很自然地張開眼睛，這時候，巴里看到的牛和植物都死光了，

剛好爬上河岸休息的小孩子，因為被巴里看到也都死了。

只有幾個還在潛水抓蝦的小孩子，躲過了巴里紅眼睛的目光，當他們游回河岸邊，才知道出事了，趕緊逃回部落。

大人帶著逃回部落的孩子們前來，向巴里追究責任，不過他們也不太敢接近巴里，這時候保浪帶著祖母，慢慢地走到巴里的面前，對著眾人說：

「巴里的紅眼睛沒有錯，不要忘了他經常用紅眼睛幫助我們，卻從未邀功；而我們不但沒有感謝他，還只記得他的不好。更何況，這次的錯不在他，他並不是故意的！」

不過，族人還是決定把巴里趕到部落的後山。

被趕到後山的巴里又變得孤獨了，唯一讓他覺得欣慰的是，每天下午，都會聽到保浪在遠處叫他的聲音。

「巴里，我是保浪，我帶吃的來了。」

巴里知道保浪來了，非常高興，但他還是小心翼翼地倒著走出來，不讓紅眼睛傷到保浪。

自責的巴里每天都在懺悔，想著不該再讓族人受苦，所以，每次保浪提議要帶他出去玩，巴里總是喪氣地說：「我早已經習慣待在這裡了。」就這樣巴里再也沒有走出後山。

直到有一天，敵人知道了巴里住的地方，便在遠處模仿著保浪的聲音叫著：「巴里，巴里，我來了，我帶了你愛吃的食物！」

巴里不疑有他，背對著且低著頭走出來，就這樣，敵人便趁機將巴里的頭砍下。

這一天，還不知情的保浪來到後山，同樣在很遠的地方叫著：

「巴里，我是保浪，我帶來祖母煮的地瓜給你吃，巴里——巴里——」

當保浪走進屋裡時，發現巴里被人害死了，傷心難過的保浪，默默地將巴里埋在屋外。

族人聽到巴里死掉的消息，不知道是要難過，還是高興。

非常想念巴里的保浪，有一天獨自來到後山，說也奇怪，埋葬巴里的地方，竟然長出檳榔樹，樹上都結了又紅又大的檳榔。

パイワン族

保浪走到檳榔樹下，抬頭看著樹上的檳榔時，總有一種熟悉又懷念的感覺。

直到保浪將手碰著檳榔樹時，突然從手的觸覺傳來巴里的聲音：

「雖然我沒有眼睛，但我能感覺到是你！保浪，我是巴里啊！」

保浪抱著檳榔樹哭泣，又聽到巴里說：「我死後變成了檳榔樹，而樹上結的紅檳榔就像我的紅眼睛。」這時候保浪才想起來，為什麼剛才看到樹上的紅檳榔時，是那麼的熟悉。

族人知道埋葬巴里的地方長出檳榔樹，便撿拾掉落的紅檳榔，種在住家四周。有一次，敵人來攻擊，看到有那麼多的巴里紅眼睛，都不敢進犯保浪的部落。

這也是為什麼排灣族人寧願讓檳榔樹上的檳榔一直長大，變老、變黃、變紅，也不把它摘下，因為老人會告訴年輕人說：

「那是巴里的眼睛，能守護部落、看顧族人。」

◆

第2話

◆

頭目的故事

頭目的故事之一：大水淹沒陸地

　　大地自從有了人們看顧之後，排灣族人稱自己為「阿底旦」，也就是土地的朋友，或是照顧土地的人。那時候只有家族的區分，還沒有所謂的階級制度，也沒有部落的觀念。排灣族的社會制度，就好像剛在破土發芽的種子一樣。

　　長久以來，土地上的人始終遵守與天神的約定，但時間久了，人性的貪婪帶來了許多紛爭，也產生仇視和敵意。人們慢慢地忘記當初與天神的約定，不再燃燒小米梗，讓裊裊上升的煙燻，飄向天神處祈求平安，也不相信風、雷電、雨神的能力了。

　　數年過後，大地時而久旱乾涸，時而傾盆大雨。往往，清晨便雷聲作響，雷電打出的雷火，把大地燒成黑灰色；黃昏颳起的強風，讓許多植物連根拔起；久旱的大地塵土飛揚，還挾雜著燒過的灰燼，整個天空都變得灰濛濛的。

　　這時候，土地上的人才開始為自己的貪婪行為感到後悔，但這時候就算燃起小米梗的煙，再也得不到天神的回應了。

パイワン族

134

有一天，大雨又開始傾盆降下，落下的雨滴幾乎快跟芋頭一樣粗大，很快地，連下數個月所累積的雨水，高漲到快要頂到天空。

早在大水還沒來之前，有些人在天神的指示下，先砍收芒草，綁成大腿般粗細的一把、一把草束，並將地瓜、芋頭和小米等糧食藏在芒草束裡。

那些沒有被告知的人，竟然取笑他們說：「放著小米不收，去收那些不能吃、又沒用的芒草做什麼？」

經天神指示的人不受影響，繼續努力綁好更多的草束，並將綁好的拉到大樹頂端放。當大水漲到一個高度後，眾人便爬到樹上，將預先準備的芒草，成把、成把地集結在一起，綁成如同一塊在水上浮起的陸地，這些人在慶幸逃過一劫的同時，才知道天神的用意。

天神還指示要收集芒草、農作物、大鍋子、火種等等，也有人帶了乾肉、吉拿富、阿法伊三樣食物，以及乾材、三顆當火灶的礫石和墊在火灶下的石板。

可是，有一天，某家的小孩將尿灑在火灶上，天神聞到尿騷味般的燻煙，對這般不敬的舉動極為震怒。

天神鄭重告誡土地上的人：

「土地上的人啊！你們燃燒後飄起的煙霧，是往返天界的使者，不但會說話，也是火灶從天界往返陸地的地標，非常神聖且莊嚴。」

天神說完，便將人們用火的權利取回。

大人們為了懲罰灑尿在火灶上的小孩，便用生芋頭塗在他尿尿的地方，讓小孩的下體發癢得不能尿尿。

排灣族老人常說：「千萬不能將尿灑在火灶上或是用水澆熄，這是對天神不禮貌的舉動。」

不過，如果火是自己熄掉，便認為是：「火休息了，去睡覺了。」

大家正為了沒有火種而煩惱，一位叫巴勒法法吾的老人抽著煙斗走來，對著全部的人說：「如果你們問我帶來什麼，我說沒有，但是天神指示，離開時記得將煙斗裡的煙絲裝滿。」這時候老人巴勒法法吾用力吸著煙斗，從嘴裡緩緩地吐出幾口煙，眾人才知道天神指示他的用意。

老人巴勒法法吾將煙斗裡的火種取出放在手裡，遞給闖禍的小孩，對他說：

「將火升起吧！在大水退去之前，你要一直看顧著火種，擔任守火之人。」

小孩用力點頭表示願意。

於是，小孩以實際行動感謝老人巴勒法法吾：當他需要點煙，小孩會很快地飛奔到火灶前；他口渴了，小孩便會趕著去取水；看他揹重的東西，小孩也會搶著分擔。

尊敬老人，是排灣社會的重要禮儀和傳統。排灣族老人常說：

「我的智慧和經驗，要給懂得尊敬和有禮貌的小孩；我在等待，等待一個我想要傳承的人。」

老人又說：

「長者的智慧是要用拿的，而拿的過程就是在學習並了解和自己族群的關係。」

頭目的故事之二：紅嘴鳥取回火種

大水還是沒有消退的跡象，潮溼的芒草梗吸入了大量的水；眾多芒草縱橫交疊所連結的陸地，因為吸水嚴重而越陷越深了。

老人巴勒法法吾僅留的火種，也隨著被打濕的芒草，一起熄掉了。於是，人們又怪罪小孩。

老人巴勒法法吾面色凝重地對大家說：

「大水淹沒了這一切，是因為人心的貪婪！由於天神的憐憫，我們有幸聚在這裡，你們不懂得珍惜，卻只會起爭執。」

老人巴勒法法吾又說：「遇到問題，不去設法解決，反而製造更多的紛爭，實在太沒有智慧了。要知道，今天發生的這些事情，是天神對我們的考驗啊！」

於是，有人提議要去取火種回來，但好幾次都無功而返，不然就是差那麼一點。

パイワン族

有一次，派了烏鴉去，在回程的路上，正當快要到達芒草陸地時，烏鴉的嘴巴因為被火種燒到，「啊—— 啊—— 啊——」大叫地哭號起來，火種就這麼從嘴邊放掉。

最後，派紅嘴鳥去取火種，才順利地取回來。不過，紅嘴鳥付出極大的代價，因為原本牠的嘴巴和雙腳都是黑色的，為了不讓火種落水，牠用嘴巴和雙腳輪流保護火種，卻被燒成了紅嘴巴和紅腳的紅嘴鳥。

紅嘴鳥取回火種，同時也帶來在不遠處有陸地的消息；傳說中，那塊陸地就是現在的大武山。

經由紅嘴鳥的指示，人們朝著陸地的方向划去，划了很久才終於到了紅嘴鳥說的陸地。原本以為到了陸地之後，會有很多東西可以吃、可以用；令人失望的是，這裡不但荒蕪一片，還為了要補充這趟旅程所消耗的體力，大家吃了太多而讓食物變得更少。

頭目的故事之三：百步蛇‧陶壺‧頭目

又過了很久，大水還是不見消退的跡象。有一天，大武山山頂上出現了一只發亮的陶壺。於是，人們到山上察看，但不太敢接近陶壺，因為附近都有百步蛇守護著，只好待在遠遠的地方觀望。

經過一段時間之後，躲在樹林後觀察的人覺得奇怪：為什麼陶壺在太陽照射之後，裡面好像有什麼東西在動。

有一天，陶壺突然破了，走出來一個人，在陶壺外蜷伏的百步蛇馬上自動讓出一條路來。看到這種景象，躲在樹林後的人覺得非常不可思議，馬上跑回去告訴其他人。

說也奇怪，就在陶壺破裂的同時，大水也開始慢慢地退去。可是，人們又開始著急，因為食物就快要吃完了。

當人們商議要到哪裡找吃的東西時，天空又開始打雷、颱風；這時候，有人想起天神曾經說過的話：

「天神曾預言，在某一天將開一個天洞，會把小米種子放在洞口，要請有膽識、有能力的人爬到天洞，才能順利帶回。」

果然，人們找到了天洞，合力把竹子砍成一大截、一大截，一根接一根地升到天神所指示的天洞，還派了一個最強壯的人爬上去，但到了洞口，卻因為他的肩膀太寬塞不進去，卡在洞外。

　　於是，決定改派小孩子，原以為能夠順利地進入天洞，但小孩子個子小力量也小，根本沒有力氣爬到天洞，所以還是無功而返。

　　許多人試過了幾次，就是沒有人能將小米取回。

　　天神所指示的人，又夢見了很多百步蛇；天亮後，他急忙告訴其他人，大家才想起由陶壺所生的人，可能是他們最後的希望。

　　當人們正要去請求陶壺所生的人，卻看見一隻粗大肥短的百步蛇正向他們爬行而來，並緩緩地將蛇頭昂起，看著連接天洞外的竹竿，意有所指地說：「這件事，我會讓你們的頭目知道。」

　　有人就好奇地追問：「什麼是頭目？」

　　百步蛇吐信著，並未再開口說話，但四周卻傳來天神說話的聲音：「如果陶壺所生的人，能夠順利將放在天洞的小米種子取回，他就是你們的頭目。因為你們已經變得貪婪，又忘記當初與我的約定，因此所有的權利將交由頭目管理，你們必須遵從。」

　　幾天後，陶壺所生的人出現在天洞下的竹竿邊，人們看到便取笑：「那麼瘦小的人，營養不良，我看不用爬了，他的腳連捉住竹竿的力量都沒有。」

　　眾人帶著輕蔑、瞧不起的眼光盯著陶壺所生的人。

　　「如果我真的能帶回小米種子，有幾個約定希望你們能答應。」

　　陶壺所生的人如此說。

　　眾人討論之後，承諾只要能將小米帶回來，都將答應他的要求。於是，陶壺所生的人吹著鼻笛，用鼻笛發出的聲音和百步蛇交談，就在這時候跟來許多百步蛇，一隻接著一隻纏繞著連接的竹竿，陶壺所生的人便踩在百步蛇的身上，輕輕鬆鬆爬到了天洞。大家張著嘴、瞪大眼睛，看著陶壺所生的人將小米取回。

　　從天洞下來的路上，陶壺所生的人用力搖晃竹子，一瞬間，小米散落一地；於是，女人拉起裙襬、男人張開披風，興奮地將一粒粒珍貴的小米粒給

接住。

陶壺所生的人回到陸地上之後，眾人看著他手上只拿了一串結實飽滿的小米，非常生氣地對他說：

「你那一把小米怎麼夠我們吃，要我們如何答應你的要求呢？」

陶壺所生的人說：「我將你們食用的小米種子帶回來了，散落掉下的種子是留給你們栽種的。」

「從天洞落下的小米種子，如果肯耐心照顧，有一天也會像我手上成串結穗的小米；如果有人等不及小米種子發芽結穗，就將我手上的小米拿去吃吧！」陶壺所生的人高舉著手上的小米說。

當陶壺所生的人將小米拋向空中，人們便急忙搶著，像偷食小米的小鳥般爭先恐後。

奇怪的事情發生了，搶食小米的人隔天都變成小鳥，這時候人們才領悟到陶壺所生的人曾說過：

「可以等待並照顧一粒小米種子長大結穗的人，只要辛苦耕種就能得到溫飽；但是，那些急著立刻吃飽的人，只會坐享其成，從不付出；變成小鳥，是對他們的懲罰。」

陶壺所生的人所說的這段話，得到眾人的讚許，人們也決定遵守之前的約定。

陶壺所生的人說：

「雖然你們擁有土地，但如果沒有了小米，土地又有何用呢？現在，小米我帶來了，你們的子子孫孫將繁衍下去。」

接著又說：

「洪水帶走了一切，現在要有新的秩序，我用小米跟你們交換土地，小米歸你們，土地歸我，等到收成之後，我只要一隻手能抓取的小米就夠了。另外，百步蛇幫助我順利取回小米，你們以後就把牠視為權力、才幹、智慧的象徵吧！」

陶壺所生的人讓大家心服口服，便奉他為頭目。

頭目走向大石頭便站了上去，之後他用力甩動身體和頭髮，只見小米散

落。

「這些小米是給無依無靠沒有家的人！從今以後，讓我們共同分享喜悅，也一起承擔苦難。」陶壺所生的人對著人們說。

頭目訂定了階級制度，大家的生活開始有秩序；平民為了感謝頭目的照顧，便讓頭目享有住屋、衣服等裝飾上的特權。

頭目雖然擁有這些特權，但是和平民的地位平等，不會因此改變；甚至可以說，平民是頭目的父母，要是沒有平民的辛勤勞動，頭目就沒有榮耀和收穫。

自從頭目用小米交換土地，頭目和平民的互動便密不可分，因為只有小米，沒有土地，小米就會長不出來；若只有土地，沒有小米，土地又有什麼用？

平民開墾栽種付出勞力，頭目全心管理而勞心，分工和參與帶來了族群延續的力量和秩序，這就是排灣族最早的階級制度概念。總之，排灣族不能沒有頭目，更不能沒有平民。

パイワン族

第3話

盪鞦韆的愛情故事

4
排灣族

　　每當排灣族頭目家有人嫁娶，就會盪鞦韆邀請天神和祖靈參加。因為族人相信：鞦韆是天神和祖靈來到人間的樓梯，重大的喜事當然要邀祂們同樂。

　　架設鞦韆的雕刻及裝飾，會因頭目家族的大小而不同；鞦韆架上擺盪的粗繩，也會繫上能發出聲響的鐵管和響鈴。

　　老人總是說：

　　「鐵管和響鈴繫得越多，代表著小米越豐收，也是在告知鄰近部落前來參加我們的收穫祭。而且，天神和祖靈也會被召喚前來，坐在鞦韆架上觀看。」

　　排灣族有個關於盪鞦韆的美麗故事。

　　從前，卡古力古家族有個女孩，名叫露古，她是頭目的女兒，和身為平民的本仍相愛，由於雙方家族地位差距太大，遭到女方家極力反對。不過，他們還是常在一起，這個秘密只有露古的祖母知道。

　　有一天，突然有人到家裡來提親，但露古就是不答應，並在祖母的通風報信之下先躲起來，提親的人只好回去。

　　事後，祖母告訴露古：「這樣子不是辦法，總有一天妳還是要出嫁的。」

141

露古搖著頭就是不願意，表明只愛本仍。

祖母回答說：「本仍是平民，就算我答應了，妳的父母親呢？他們絕對不會答應的。」

之後，還是有很多人來提親，但露古就是不喜歡。

直到有一天，露古的父親知道了女兒不嫁的原因，便對著本仍說：「如果你能答應我要求的四件事，便把女兒嫁給你。」

「第一件事，就是帶回雄鷹的羽毛；第二件事，拔下雲豹的牙齒；第三件事，將百步蛇的小孩帶回來。」

說到第四件事，頭目想了一下，便說：「那就到神界的地方去拿琉璃珠中最貴重的珠子。如果這幾樣東西你都拿到了，就穿著貴族的服飾前來迎娶我的女兒吧！」

本仍聽完之後，心想：「要帶回雄鷹的羽毛，那是不可能的；拔下雲豹的牙齒，一定會讓人喪命；要將百步蛇的小孩帶回，比登天還難啊！」

「要我到天神的地方，取回高貴、漂亮的琉璃珠，根本就是強人所難；更別說要穿著貴族般的服飾前來迎娶露古。」

本仍雙腿發軟跪坐在地上，流下眼淚，恨自己無能為力。

排灣族人視雄鷹為天神派來巡視土地的使者；雲豹是土地的鬼魅，因為雲豹的皮毛就像土地的顏色，不易讓人發覺；神聖的百步蛇是族人的守護神，光是提到百步蛇就讓人感到敬畏，別說要帶牠的小孩回來；高貴又漂亮的琉璃珠，更是遠在天神住的地方，沒聽過誰到得了。

本仍知道這一去，不可能順利又安全地回來，也知道頭目這般刻意刁難，只為了阻止自己和露古在一起。但是他心意已決，立刻準備清晨出發的東西，並且盤算著要如何帶回這四樣寶物。

在天色微亮的清晨，本仍出發了，一去數年。

本仍憑著一股無人能及的毅力，走到了土地的盡頭，卻始終找不到通往神界的路。他感到十分內疚。

在回程的路上，忽然感覺有東西遮住了太陽，他抬頭看天空，只見一隻展翅盤旋的雄鷹；這時候，天空竟然掉落下了幾根羽毛，當本仍再抬頭看，

パイワン族

4 排灣族

早已不見雄鷹的影子，本仍便順手將雄鷹羽毛裝進竹筒裡收藏好。

取得了雄鷹羽毛之後，本仍越過了高山稜線，在太陽下山處看見一位穿著雲豹皮衣的老人，本仍很高興地走上前：

「請問你身上的雲豹皮衣，是你的嗎？」

老人家點著頭。

本仍繼續問：「請問哪裡可以找得到雲豹？」

老人回答：「不用再四處奔走了，我已經在這裡等你很久了。」

本仍聽了非常驚訝。

老人不說話，很快地從口中拿出一件東西握在手上，要本仍接著，他接過老人手裡的東西時，嚇了一跳，怎麼會是雲豹的牙齒！就在本仍想問個究竟時，老人卻化成了雲豹，伸出利爪，在他的身上亂抓，把本仍嚇得暈了過去。

本仍在昏睡中，夢見變成雲豹的老人對他說：「你身上的傷，是證明拔下我的牙齒的戰功，雲豹皮送你當禮物，牙齒和雲豹皮一起帶回去吧！」

本仍清醒後半信半疑，但身上的痛和傷，以及地上的雲豹牙和雲豹皮，讓他不得不相信。

在過去排灣族的習俗，只要族人得到雲豹，就會將利牙和雲豹皮先交給頭目挑選，剩下的便歸獵得雲豹的人所有，本仍從來沒想到自己竟然可以得到這麼尊貴的禮物。

本仍充滿感謝地將雲豹牙齒收好，穿起了雲豹皮，踏上歸程。在路上，一不小心踩到了百步蛇。

百步蛇昂首將利牙刺入本仍的身體內，本仍走了幾步，便昏昏沈沈倒在一棵大樹下，恍惚之中好像聽見百步蛇對他說：「咬你，是要你回去告訴族人，別想捉捕我們的小孩；以後對我們還這麼不敬的話，後果將不堪設想。」

百步蛇在離開前又說：「不過，我將變成一把利刀，取代你帶回百步蛇小孩的約定。」

果真，本仍醒來後雙手正握著一把刀身極像蛇形的短刀。這也是排灣族人為什麼會將自己的配刀刻劃蛇身的由來。

本仍有了這三樣東西，就獨缺高貴、漂亮的琉璃珠。

本仍的真誠與毅力讓天神非常感動，便將高貴、漂亮的琉璃珠繫在一只陶壺上，但陶壺裡卻裝滿了奇奇怪怪的昆蟲，放在本仍回程的路上。

當本仍走著走著，見到遠處有發亮的東西，在好奇心的驅使下前去察看，發現了陶壺和琉璃珠。不過，他對於不勞而獲取得琉璃珠和陶壺，覺得非常心虛，呆站在路邊想了很久，最後想到心愛的露古正等著他帶這些禮物回去，還是決定用大紅布包起來帶回家。

露古的父親趁本仍一去多年都沒下落，強迫她嫁給別人，但她還是愛著本仍，而且相信本仍一定會平安回來。因此，露古把希望放在結婚時所舉行的盪鞦韆活動，一心想要將鞦韆擺盪得又高又遠，讓在遠方的本仍看到。

排灣族人認為：「女孩子盪完鞦韆後才算真正的嫁人，沒有盪鞦韆之前還是可以退婚。」

露古始終相信，只要本仍看到她，本仍一定會快快奔跑回來的。

婚禮的盪鞦韆活動開始了，對本仍充滿信心和期待的露古，果真看到本仍從遠處回來了。

長途跋涉回來的本仍，帶著約定的東西，立刻來到了頭目面前。頭目一一檢視了雄鷹的羽毛、雲豹的牙齒後，轉過頭問：「百步蛇的小孩呢？」

這時候，本仍手上拿的刀，一下子變成了百步蛇，圍觀的人都發出驚叫聲，不敢置信。

接著，頭目接過陶壺，對陶壺裡有許多昆蟲正感到納悶，突然頭目手上的陶壺掉在地上，陶壺裡的昆蟲化成了一顆一顆的琉璃珠。

頭目將他對本仍要求的東西：雄鷹羽毛、雲豹牙齒、百步蛇紋飾的刀、琉璃珠，一樣一樣的呈現在眾人眼前。於是，頭目遵守和本仍的約定，在大家的祝福聲中，露古高興地擺盪鞦韆，順利嫁給本仍了。

日後，本仍娶露古的這四樣寶物，也成為排灣族人結婚時一定要有的聘禮。

ルカイ族
愛情深いバレン

台湾原住民の神話と伝説 5

◆

第1話

◆

美しいムアカイカイ

これは昔から伝えられてきたお話です。ダラパダンは昔、ルカイ族の有名な大貴族でした。美しく、親孝行な一人娘がおり、名はムアカイカイといいました。両親から愛されていただけでなく、一族の人々もみな娘のことが大好きでした。聞くところによると、娘を見た若い男達は、みなお酒を飲んだかのように、娘のうっとりするような姿に陶酔したそうです。

村にはある貴族の息子がおり、かっこよく、名はクレレエレといいました。彼の家柄はムアカイカイの家より少し劣っていましたが、両家の両親を含め、一族の人々はみなお似合いの二人だと思っており、若者達も二人は大きくなったら夫婦になるのだろうと密かに思っていました。しかし、クレレエレが大きくなっても、なぜか両親はなかなかムアカイカイに縁談話をしようとしなかったため、彼は焦り、心配し、他の家に先を越されてしまうのではないかと非常に不安に思っていました。

この日、一年に一度の狩人祭が終わったばかりで、最も楽しい一日がはじまろうとしていました。長い間楽しみにしていた若者達は、朝っぱらから群れをなして山に登り、野生のツルフジを採り、力を合わせて長く太く、丈夫なブランコを作り、大貴族ダラパダン家の高くて大きなガジュマルの

魯凱族

148

老木につるしました。

　イベントは午後はじまりました。村じゅうの男女が着飾り、ここへ来て踊ったり、ブランコをこいだりしています。女の子達は一人また一人と、ブランコこぎが最も優雅で美しいと褒められようと頑張っています。男の子達も順番に、誰がブランコを最も力強く安定して、最も高く遠くまでこげるかを競い合っています。

　ムアカイカイがブランコをこぐ番になりました。みな自ずと歌ったり、踊ったりするのをやめ、若い男達は続々とブランコの両側に並んでブランコを揺らし、片側で百人を超える人でした。娘達は全神経を集中させ、楽しそうにムアカイカイの様子を見ていました。このことから、みなからどれほど愛され、憧れられているかが分かります。

　はじめ、ムアカイカイは遠く高くまでこいでいました。空中で気持ちよさそうな、嬉しそうな様子で、思わず腰をくねらせたり、足をクロスさせたり、リズムに合わせてより遠く、高くまでこぎ、まるで限界はないかのようでした。

　群衆の歓喜の声の中で、彼女はまた腰をくねらせたり、足をクロスさせたりすることによって、回転して体の向きをかえ、その美しい姿にその場で見ていた全員から拍手喝采が巻き起こりました。その音は空高く響き渡り、クレレエレは一層夢中になりました。

　なんとこの時、悪い考えを持つ老人タエベレが、こっそりと近くの草むらに隠れ、ムアカイカイを誘拐し、自分の孫の妻にしようと考えていました。悪い老人はひそかに唱えました。

　「強風に吹き飛ばされろ！」

　すると、その言葉通りに、強烈な竜巻が襲ってきて、ムアカイカイはブランコと一緒に空中に巻き上げられてしまいました。

　強風が過ぎた後、避難していた一族の人々がガジュマルの大木のそばに戻ると、ブランコが空高くからゆっくりと舞い落ちてくるのだけが見え、ムアカイカイの美しい姿は見えませんでした。会場全体は嘆き悲しみに

陥ってしまいました。みなあちらこちらで慌てて彼女の名前を呼びましたが、彼女は見つかりませんでした。

　慶びの祭典は失意の中、幕を閉じました。最も可哀そうなのはムアカイカイの両親です。愛する娘を失ったことを嘆き悲しみ、その後一日中泣き続けました。クレレエレは死んでしまいたいと思うほどに悲しみ、一族の人々はこの不幸な出来事の話になると、次々と頭を振って暗い声でため息をつき、楽しそうな笑い声が響くことは二度とありませんでした。

　ムアカイカイは竜巻に飛ばされ、ついに遠くの知らない場所に落ちました。悪い考えを持つ老人タエベレは、先に彼女が落ちる場所で待っていました。ムアカイカイが驚きと恐怖の中で地面に落ち、まだまわりを見ていないうちに、タエベレは彼女を縛りつけ、布で目を隠し、彼女を背負って速足で神秘の森へ歩いていきました。

　ムアカイカイは徐々にもうろうとしていた意識を取り戻し、自分の全身が動かせないことに気がつきました。力いっぱい目を開けても、なんと一面の漆黒なのです。思わず悲しみ、恐怖から涙を流して叫びました。

　「イナ（お母さん）！　イナ（お母さん）！　早く私を助けに来て！」

　タエベレはすぐに前もって包んでおいたビンロウを取り出し、彼女に渡すと、優しいふりをして彼女を慰めて言いました。

　「孫娘よ！　安心しておくれ！　お前を傷つけはしないから！　お前をある場所へ連れていってあげるよ、きっと楽しいはずだから。」

　ムアカイカイはビンロウをかみながらも、涙はやはり止まることなく流れてきます。休憩場所に着く度に、ムアカイカイはビンロウの汁を左右に吐き、印を残すことで、慌てて彼女を探している両親が行方を見つけやすいようにしました。

　ムアカイカイが吐き出した汁によって、右側にはダラムアネというビンロウの木とラウヴィウというキンマが生えてきました。左側にはパクラリアというビンロウとタヴァオヴァロという質の劣るキンマが生えてきました。

魯凱族

5 ルカイ族

　ついに別の村の郊外にあるガジュマルの木の下に着くと、タエベレはムアカイカイの手足を縛っていた縄を解き、彼女の目の覆い布をとりました。彼女は両手を伸ばして、目をこすりながらゆっくりと開けると、目の前に見える人々がみな知らない人であることに気づきました。

　ムアカイカイを迎える人々はすでに待っていました。老人タエベレが結婚させようとしている男性、つまり彼の孫とその家族達です。しかし、ムアカイカイはこのような強引なやり方を受け入れることができず、ただ非常に冷淡に呆然として座ったまま、誰を見ることも、誰の話を聞くこともしませんでした。そして憤りの感情が心に沸き上がってきました。

　ムアカイカイは両親と幼なじみのクレレエレ、いつも一緒にいた一族の人々だけを愛しており、他の人と一緒に生活するなど全く考えたことがありませんでした。しかし、この村の大貴族と長老は、毎日絶えることなく礼儀正しくムアカイカイに謝罪し、また正式に瑠璃珠の大きな箱といくつもの首飾りを結納の贈り物として出してきました。孤独で疲れ果て、お腹を空かせた彼女は、自分はもう帰ることができず、他に選択の余地がないのだと分かると、仕方なく結婚の儀式を受け入れ、タエベレの孫に嫁ぎました。

　ムアカイカイはさらわれ、知らない場所に連れていかれ、知らない人に嫁ぎ、一日中ひそかに涙を流していました。夫は彼女を非常に大切にしていましたが、ムアカイカイがいつも想っていたのは故郷の両親、愛する人、彼女を可愛がってくれた一族の人々でした。毎朝、朝日が東から照りつける時、ムアカイカイはいつも太陽の光に向かってこっそりとすすり泣き、祈り、いつか一族の人が自分を見つけてくれることを願いました。

　一日また一日、一年また一年と十数年が過ぎ、ムアカイカイも子供を産み育てていました。家族のことは忘れがたいけれど、自分の務めを尽くして家事をきりもりし、良き妻、良き母親を演じました。ある日、ムアカイカイの夫は、彼女がこれまでしてきたことに感謝し、彼女の故郷、家族への思いを理解して、貴重な贈り物を持ち、家族全員でムアカイカイと一緒

151

に里帰りしようと言ったのです。

　期待と不安を感じていたムアカイカイは、夫、子供の付き添いのもと、何年も前に誘拐された道に沿って実家に帰りました。道中、ムアカイカイが以前ビンロウの汁を吐き出し、そこから生えてきたビンロウの木とキンマがすでに大きくなって、花を咲かせ、実を結んでいました。

　故郷の一族の人々は、遠くから多くのよそ者がゆっくり歩いて来るのを見ると、興味津々な様子で、静かに見つつ待っていました。ムアカイカイが身元を明らかにすると、すぐにある人が驚いて金切り声で叫びました。

　「彼女はまだ生きていたんだ！　ムアカイカイが帰ってきたぞ！」

　情報はすぐに広まっていき、同郷の人々はみな喜びの声を上げて迎え、喜びに目を輝かせました。ムアカイカイの両親は知らせを聞くと、疑いつつも杖をつきながら迎えに出ました。

　実家に帰り、ムアカイカイが何年も離れていた両親を見ると、すでに白髪頭の老人となっていました。家には当時彼女を失ったために身に付けた弔辞用の布も残っており、様々な感情が胸にせまってきました。みなはお互いに抱き合い泣き、運命のいたずらを非常に悲しんでいましたが、再びみなで会えたことを喜び、慰めにも満ちていました。

魯凱族

第2話

雲豹のシラミ頭家族

　昔々、大地に大洪水が発生して間もない時のことです。アミ族、プユマ族、ルカイ族の三つの民族はまだ一緒に東海岸のパナパナヤンに居住していました。

　その中で、ルカイ族はタルマケ、ダデレ及び曲がり角のコチャポンアンの三つの小さなグループに分かれていました。

　一族にはある兄弟がおり、兄の名はプラルザン、弟の名はパケドレラスといい、彼らは村のリーダーでした。この兄弟はシキパリチというこの小さな川岸の沖積地では、だんだんと増加する一族の人々が住めなくなるので、後の子孫のためを考え、広くて長く居住できる場所を探す必要があると考えました。

　そこで兄弟は猟犬の雲豹を連れて、一族の人々に離れる理由を説明した後、名残惜しげに言いました。「さようなら！　離れることになってすまない！」

　祝福の別れの声の中、二人はすぐさま出発しました。

　兄弟はタブァリ渓谷の源に向かって登っていきました。道中、狩りをしながら、彼らの夢の楽園を探しました。

彼らは夕日の沈む方向に向かって前進しました。いつも高山の上のガジュマル林の台地を越えると、世界の淵にたどりついたと思うのですが、なんと山頂に着いて、西の方をはるかに望むと、まだ終わりのない山、川、密林があったと知ることになります。

このように一つまた一つと高山を越え、兄弟は疲労困憊の様子でひとけのない場所にたどりつきました。のどが渇き、お腹がすき、動くことができません。猟犬雲豹も疲れて息を切らし続けていましたが、突然また元気よく山林の中に消えていきました。

空が暗くなろうとしていました。彼らが急いで水を探し、のどの渇きを潤そうとしていた時、雲豹が全身びしょぬれで彼らの前に飛び出してきました。体を揺らして水滴を落としつつ、彼らを渓谷へと案内しました——なんと豊富で綺麗な水源があったのです！

雲豹は岸辺で水を飲み、のどの渇きを潤した後、横になって寝てしまいました。兄弟がどんなに呼んでも、雲豹はどうしても離れようとしません。兄のプラルザンは思いました。

「おそらく神様は、私達にここに定住するように言っているのだろう。」

その後、兄弟は注意深く川辺から出ていき、辺りの地形を詳しく調べ、自然の条件がよいと判断しました。そこで西の鞍部に、自然の障壁があり、守りやすく攻められにくい新しい定住地を選び、そこをコチャポンアンと呼びました。つまり今のチウハウチャ村です。

兄弟は長方形の石柱を探してきて、力を合わせてそれを鞍部の山頂に立て、「この土地は私達のものだ！」と表しました。

その後、兄のプラルザンは弟のパケドレラスに、来た道を通って村に戻り、家族や親戚、友人の五世帯約二十五人をここへ定住するよう誘ってくるように言いました。

移住してきたアルブル一家は、一族の人々から信用され、頼りにされており、雲豹を育て世話をして生活していました。彼らの人柄はよく、優しく、何より雲豹の習性と気持ちを理解し、雲豹と深い絆で結ばれていまし

魯凱族

5 ルカイ族

た。

雲豹を育てていたアルブル一家は、どの代の子孫であれ、みな頭にシラミがとても多くありました。そのため「頭シラミ一家」と呼ばれていました。しかし彼らはみな賢く、人柄もよく、才能、能力のある人々だったため、常に一族の人々が強く結婚したいと思う相手でした。

チウハウチャ村の下、アイリャオ南川向かい岸の他の一族は、新しく来た移住者が開拓しているのを見ると侵略、妨害を続けました。

ある日、多くの敵が村の防御門に集まり、雲豹はそこで見張りを行っていました。雲豹が自分の尿でしっぽを湿らせ、そっとしっぽを振ると、敵の目はみな見えなくなってしまいました。一族の人々はその後やってきて、敵を片付けました。それから、他族の人々は彼らを二度と侵略することはありませんでした。

長い月日が流れ、一族の人々は猟犬雲豹がだんだんと年をとってきたので、これ以上仕事の負担をかけるべきではないと思い、雲豹をもとの故郷に帰らせ、楽しく自由な生活を送らせたいと考えました。

そこで一族のみなは準備を始めました。まずは狩人を動員し、捕まえたキョンの柔らかい肉を雲豹に与え、お別れのプレゼントにしました。普通の鹿は一族の人に与え、送別の道中の食糧としました。

留守番をする人々は、一人一人雲豹を手でなで、別れを告げました。そして繰り返し注意しました。

「くれぐれも別の一族の領地に行かないようにね。無礼を受けたり、傷つけられたりしないように。」

雲豹を送る狩人達は、道中しっかりと雲豹の世話をしました。雲豹は年をとってしまったため、体力は明らかに昔のようにはなく、歩く速度も非常にゆっくりでした。

しかし、彼らがガジュマル林、つまり現在のルカイ族の聖地バルクアンを越えた時、雲豹は突然閃光のような速度で密林に入っていき、狩人達は全く呼び止めることもできませんでした。

その後すぐに、近くから鹿の悲鳴が聞こえてきました。狩人達が後を追いかけてみると、雲豹が血まみれの鹿のそばに座って、彼らを待っていたのです。

「これはまさに雲豹が私達とお別れする前に、私達のために用意してくれた最後のプレゼントなんだ。」

ある経験豊富な老狩人は言いました。

狩人達は急いで雲豹に鹿の血、肝臓、心臓を与えました。その他の肉はもとの場所へ置き、雲豹を送りとどけ、帰りにここを通る時に持って帰り、一族の人と分け合うことにしました。

彼らは歩き続け、知本川の東側の広い台地に着きました。この場所は年中雲と霧でおおわれており、湿度が高く、緑の草木が生い茂っています。獲物の種類が多く、それはまるで尽きることのない宴席のようでした。雲豹の食べ物もきっと永遠に尽きることはないでしょう。

老狩人アルブル、つまり雲豹に付き添い一生を過ごした老人は、ぎゅっと雲豹を抱きしめキスをし、つぶやきました。

「お前は私達ルカイ族みんなの永遠の猟犬だ。

私達は永遠に覚えているだろう。

お前が私達と一緒に過ごした、苦しかった日々を。

お前は獲物で私達を育て、私達に尊厳を与えてくれた。

また私達の子孫に永遠に侵略されない美しい土地と、永遠に枯れることのない泉を残してくれた。

お前の祖先のそばであり、永遠の故郷である場所へ帰りなさい！」

言い終えた後、彼らは雲豹を放しました。雲豹は数歩歩くと立ち止まり、振り向くと名残惜しそうに彼らを一目見ました。その後、急いで密林の中へ飛び込んでいき、姿を消しました。

その時から、雲豹民族であるルカイ族は、雲豹を殺さず、雲豹の毛皮を着ず、雲豹の歯のある花冠を身に付けることはありません。また自分が雲豹民族であることを光栄に思い、どんなに劣悪な環境、苦しい生活であっ

魯凱族

ても、永遠に雲豹の精神、強靭な生命力によって、たゆまず努力し続けました。

5 ルカイ族

◆

第3話

◆

カバリヴァン

　昔、ルカイ族の祖先はもともとダルパリン湖近くのカリアハンからやっ
てきました。そこはまさに生命のはじめの光が降臨した場所です。

　あの頃、大地は混沌としており、生命は存在せず、ただカリアハンの神
秘的な洞穴にある陶器の壺の中に、二つの太陽の卵があるだけでした。東
の方向からあけぼのの光が現れると、まさにこの二つの卵を照らしていま
した。

　太陽の光は一日また一日と照り輝いていました。ある日、この二つの卵
の殻が割れ、ある兄妹が誕生しました。男の子の名はギラギラウ、女の子
の名はアラヨウムといいます。二人は後に夫婦となり、兄妹が生まれまし
た。男の子の名はアラリウ、女の子の名はマウトゥトゥクといいました。

　アラリウとマウトゥトゥクは大きくなると、また夫婦となりました。そ
の時、大地は洪水による氾濫にあい、生活環境は非常に悪く、生まれた子
供達は両目を失明し、相次いで死んでしまいました。最後に生まれ、唯一
生き残った小さな娘はガヤガデといい、目が見えませんでした。

　マウトゥトゥクはさらに男の子を産んで、ガヤガデと結婚させたいと考
えましたが、夫が年をとっており、これ以上子供を産むことはできなかっ

魯凱族

たため、娘の将来をとても心配していました。

　ある日、空がぼんやりとかすんでいました。東の方向から一筋の光が現れると、天窓から差し込んできて、すぐにビンロウが一粒落ちてきました。マウトゥトゥクは拾って口に入れると、子供を身ごもり、スマラライを出産しました。

　幸いなことに、ガヤガデとスマラライが夫婦となった後、たくさんの健康な子供、孫を生み育て、一族は繁栄し始めました。

　洪水が徐々に引き始めた頃、ガヤガデとスマラライの夫婦は高齢の両親を連れて、東に向かって洪水の引いた谷地に沿って歩き、洪水の引いた平原の台地へ行き、そこに定住しました。

　洪水は引いたばかりで、台地は粘り気があったため、この場所をリドゥクアと呼びました。

　一世代そしてまた一世代と、一族の数はすぐに増えていきました。ガヤガデとスマラライの何代目の子孫にあたるのかは分かりませんが、アトゥンガヤとエレン夫婦は兄弟を出産しました——カリマラウとバサカラネです。この兄弟は一族の人がこんなに多いのだから、他の場所を探して定住しなければならないと考えました。

　兄のカリマラウはふさわしい時期を見定めて、弟のバサカラネに言いました。「粘り気のある土地では生活しにくい。子孫達の将来のために、私達はもっと広い場所を探さなければならない。」

　カリマラウはまた言いました。「山に向かって歩けば、食べ物も探しやすいだろう！」

　そこでカリマラウと弟のバサカラネは、それぞれ一族の人々を連れて出発し、居住に適した土地を探しました。

　カリマラウの部隊はキンドゥル山に着きました。

　一方、バサカラネの部隊は海岸線に沿ってクララウを過ぎ、はじめはマディアチェンに着きましたが、地勢が良くなかったため、後に外部からの侵入を受けることが多く、またカバリヴァンに移りました。

ルカイ族の心の中では、カバリヴァンこそが彼らの永久の故郷なのです。

魯
凱
族

◆
第4話
◆

愛情深いバレン

5 ルカイ族

　カバリヴァン村の頭目マバリュウの家には三人の子供がいました。一番上は女の子で、名はバレンといいます。彼女には弟一人と妹一人がいました。

　バレンはまさに結婚の年頃でした。容姿は純潔で美しい百合のようで、かすかな芳香を漂わせ、それは人々に忘れさせないほどでした。とくに彼女の柔らかく清らかな目は、まるで神秘的な朝の陽ざしのようでした。彼女を見るとまぶしく、心酔いしれ、心ひかれる感情が急に湧き出てきて、これらの感情が入り混じっています。遠くの東ルカイ、パイワン、ブヌンでもバレンというこの美女の名前を聞いたことがあるほどでした。

　カバリヴァン村は粟を収穫し終えたばかりで、豊年のめでたい祭典と「生命儀礼」の関連儀式がはじまろうとしていました。この時はまさに男女がお見合いをする最も良い時期となります。粟を収穫し終えたばかりなので、粟酒と粟餅を作って女性に贈るのが、収穫祭の重要なイベントの一つでした。

　各地から名前を聞きつけた客達が大勢来ていて、バレンの家は人でいっぱいになりました。

161

夜、月が空に浮かぶ頃、まさに収穫祭は最も盛り上がる時となりました。村の若者や遠くからやってきた客はみなバレンの家に集まり、楽しそうな歌声は、山谷全体に響き渡りました。バレンは美しい姿に着飾り、女の子達の真ん中に座り、一層目立っていました。

　このようにみんなから好かれ、バレンは非常に嬉しく思っていました。ところが、まわりが様々な方法を尽くしてバレンに気持ちを伝えたとしても、なぜかは分かりませんが、それによってバレンの心が動かされることはありませんでした。

　真夜中が過ぎても、歌声は依然として響いていました。すると突然、風を防ぐ石板の壁の隙間から微かな風が吹いてきて、ひっそりとした笛の音とともに、バレンの心を動かし、不思議な気持ちにさせました。

　不思議なのは、みんなの高らかに響き渡る歌声によって、その笛の音の感動的な訴えかけが打ち消されなかったことです。それはまるで孤独な熊鷹のように、ある時は翼を広げ紺碧の雄大な空、海におり、またある時は隠れたり、現れたりしながら波しぶきと浮雲の間を行き来し、徐々に遠ざかっていくようです。

　バレンの心は夢中になって音を追いかけ、急に現実に戻ることができませんでした。

　しかし、この不思議な経験に、そばにいた女の子達や多くの客は全く気がつきませんでした。

　二日目の夜、バレンの家は前日の夜より一層にぎやかでした。歌声はより響き渡り、人々を感動させ、男女のラブソングは新たな盛り上がりを巻き起こしました。

　月光がこっそりと西に傾く頃、情熱的な歌声も徐々に緩やかな詠嘆へと変わっていきました。

　「愛は喜ばしいものだが、どうして人生は朝露のようなものなのだろう。」抑揚のある歌声の中に別れの雰囲気が満ちていました。なんとこれはバレンの最後の夜で、彼女がもうすぐ親しい人々と別れることを予期してい

魯凱族

るのでしょうか。

　この時、岩の隙間からまた微かな風が吹いてきて、感動的な笛の音がバレンの魂を奪っていきました。

　笛の音はまるで熊鷹が空高くで飛び回っているかのようで、その後急降下してくると、突然止まりました。涼しい風が入口から吹き込んできて、だんだんと強烈になっていきました！　みな驚き、我先にと出ていき、バレンの両親とバレンの付き添いの女性だけが残りました。

　その時、太くて大きく、美しい蛇がゆっくりとはって、バレンの真正面にやってきたのに気がつきました。しかしバレンの目に見えているのは、非常にスマートでかっこよく、威厳のある男性でした。まだ言葉を交わしていませんでしたが、バレンは彼のことを好きになりました。

　この男性はバレンに愛を伝えると、すぐに姿を消してしまいました。バレンの両親と付き添いの女性達は驚きで何も言えませんでした。

　このことはすぐに村で広まりました。遠くからやってきた客は、もうバレンに近づくことができなくなってしまいました。みなは彼女が見たのが、ダルパリン王国の国王カママニアネだとは全く知らなかったのです。

　数日後のある日、突然稲妻が大きな音をたて、何層にも重なる真っ黒い雲を突き抜け、まるで暴風雨がもうすぐやってくるかのようでした。不思議なのは、暴風といっても木々が揺れていないことです。ザワザワという音がだんだんと近づいてくるにつれて、だんだんと耳に突き刺さるような感じがしました。すると一族の人々は突然、なんと蛇族の人々がカママニアネに付き添ってバレンを娶りに来たのを見たのです。

　実は、頭目マバリュウ家を訪れ、嫁をもらいにくることを、カママニアネはバレンの両親に以前から夢の中でお願いしており、バレン本人も非常に理解し、喜んで受け入れていたのです。

　蛇隊達は、最も貴重な陶器の壺や貴重な瑠璃珠などを含む、たくさんの贈り物を持ってきて、地位の高いバレンのための結納としました。他にもたくさんの美しい服、花冠、ネックレス、ブレスレット、イヤリングを

163

バレンへの贈り物としました。バレンの両親はこのような盛大で厳かな準備を目にし、娘も一目惚れしていることもあって、自分達の最愛の娘をダルパリン王国の国王へ嫁がせるしかありませんでした。

　バレンが嫁に行く日の前夜、一族の人々は頭目マバリュウ家を訪れ、お別れのダンスパーティーに参加しました。ダルパリン王国の国王カママニアネは、凛々しい様子で石柱の前の上座に座っていました。その他の大小さまざまな付き添いの蛇達は、ガジュマルの木に登っていましたが、数が多すぎて、高くて大きいガジュマルの茎や葉が垂れ下がってくるほどでした。

　バレンが嫁にいくと、二度と帰ってくることはできないので、みな名残惜しく、また心配、不安でもありました。空が明るくなるまで踊り続け、終わってしまうのを本当に惜しがっていました。

　嫁にいく日の朝、バレンのために見送りに来た人で黒山の人だかりでした。多くの人は村の郊外の山の峰までしか送りませんでしたが、体力のある人は道中付き添い、バレンの嫁ぎ先の家まで行きました。

　彼らがダルパリン湖に着いた時、見送りの親族は湖のほとりに立ち、バレンは一人一人、両親、親戚、友人と握手をして別れを告げました。

　「生き別れ、死に別れは永久のはじまりです。私はただ先に行くだけのことです。どうか心配しないでください。」

　バレンは小さな声で一族の人々に言いつけました。「山で狩りをする時は、必ず湖のそばを通るよう覚えておいてくださいね。私が食べ物を用意しておきますから。触ってみて、もし温かいものだったら、持っていって食べてください。もし冷たいものだったら、それは知らない人が作ったものですから、気をつけて！　食べてはだめですよ、絶対覚えておいてください。」

　最後に、バレンは涙を流して言いました。「見送りはここまで。私の日よけのガジュマルの枝葉が、ゆっくりと湖の水面から消えていくのが見えたら、私は嫁ぎ先の家に入ったということですから。」

魯凱族

その後、微かな風がうっすらとした霧とともに湖の水面に吹きつけ、バレンと見送りの人々を離しました。ゆっくりと離れていくと同時に、彼女は手を振りながら言いました。「みなによろしく伝えてね！　あなた達も気をつけてね！　さようなら！　さようなら！」

バレンの姿は親族、友人の見送りのもと、ゆっくりと湖の中へと消えていきました。

バレンは離れた後、依然として自分を大切にしてくれた村の人々を非常に想っていました。そこで収穫祭の時期を選んで、彼女の二人の子供をカバリヴァンにいかせ、彼らのおじいちゃん、おばあちゃん、一族の人々を訪ねさせました。

バレンは二人の子供を故郷へ行かせる前に、前もって夢の中で両親に、二人の子供が訪ねていくことを伝えました。

ある日、バレンの両親が田んぼから帰ってくると、二匹のカママニアネの蛇の子供が窓辺のベッドで眠っているのに気がつきました。老人二人は敬意をもって、美酒と新鮮な肉を祭りました。その日の夜、二匹の兄弟は夢でおじいちゃん、おばあちゃんに言いました。「お母さんが私達をあなた方に会わせるようにしたのです。おじいちゃん、おばあちゃん、私達への手厚いもてなしをありがとう。」

次の日、目が覚めると、二匹の兄弟はいなくなっていました。

バレンの子孫はみなこのように親族を訪ねました。

ある日、この家族の事情を知らないある女性が、子供を抱いてゆりかごに入れようとしたところ、カママニアネの蛇の子供がゆりかごの中にいることにとっさに気がつきました。驚きでゆりかごをひっくりかえしてしまい、カママニアネの蛇の子供は無残にも地面に落ち、消えてしまいました。

バレンはこの知らせを聞いて、非常に悲しみ、夢の中で一族の人々に言いました。「もう私の子孫にあなた達を訪ねさせません。だってあなた達はだんだんと私のことを忘れてしまったのですから。」

また次のように言いました。「今後、シラサギが集落の空を飛んでいる

のを見たら、それは私のあなた達への懐かしい思いを伝えていると思ってください。」

　バレンが夢に託したことは一族の人々に知れ渡りました。そこでみな収穫祭の時に、特別に供養の儀式を行い、許しを得られるよう願いました。また祭りの期間に、バレンが再び現れるのを楽しみにしていました。しかし、すべてはどうやら遅すぎたようです。

　収穫祭の最後の一日、夕日が沈む頃、一羽のシラサギが寂しそうにカバリヴァンの空を飛び回っているのが見えました。一族の人々はシラサギを見ると、感慨深く言いました。

　「バレン、私達の祖母よ！　私達もとてもあなたのことを想っていますよ！」

翻訳：中田　聡美

監訳：林　初梅

魯凱族

台灣原住民的神話與傳說 5

魯凱族
多情的巴嫩姑娘

第1話

美麗的慕阿凱凱

　　這是一個流傳久遠的故事。達拉巴丹是從前魯凱族有名的大貴族，只有一個既美麗又孝順的女兒，名叫慕阿凱凱，不但得到父母的疼愛，族人也都非常喜歡她。據說，凡是看過她的年輕男子，往往像是喝了酒似的，陶醉在她迷人的風采中。

　　部落中有一個貴族的兒子，長得英俊瀟灑，名字叫庫勒勒爾樂。他家的地位比慕阿凱凱家低了一些，不過包括雙方父母在內，族人都認為他們是天造地設的一對，年輕人也幾乎都默認兩人長大後會結為夫妻。但是，長大後的庫勒勒爾樂，不知為什麼父母遲遲不向女方提親，又著急、又擔心，深怕被別家捷足先登。

　　這一天，一年一度的獵人祭才剛剛結束，最歡樂的「被滿足之日」就要上場。期待已久的年輕人，一早就成群結隊上山，摘採野蔓藤，合力編成又長又粗又結實的鞦韆，懸掛在大貴族達拉巴丹家高大的百年老榕樹上。

　　節目在午後開始了，全村的男男女女都穿上盛裝禮服，來這裡跳舞、盪鞦韆。女孩們一個接一個，爭取擺盪得最優雅、最美麗的誇讚；男孩們也輪流競逐，看誰擺動得最有力穩健、最高、最遠。

　　輪到慕阿凱凱盪鞦韆了，大家自然而然地停止歌舞，男孩們紛紛排列兩

ル
カ
イ
族

旁拉擺鞦韆，每邊超過百人；女孩們更是全神貫注，歡喜地目睹著慕阿凱凱的風采，由此可見大家愛慕及擁戴的程度。

一開始，慕阿凱凱就盪得又遠又高，在空中既舒暢又高興，情不自禁地彎著腰、翹起腳，順著節奏，盪得更遠更高，彷彿沒有極限。

在眾人歡呼聲中，她又以一扭腰、一翹腳的力道迴旋轉身，美妙的姿勢贏得所有在場觀看的人鼓掌、喝采，聲音響徹雲霄，庫勒勒爾樂心中更是如癡如醉。

沒想到，這時候竟然有一個壞心腸的老人大惡勒，悄悄躲藏在不遠的草叢中，想擄走慕阿凱凱，給自己的孫子作妻子。壞老人暗暗地念咒：

「但願有一陣強風把妳吹走！」

於是，果然一陣強烈的龍捲風吹襲而來，把慕阿凱凱連同鞦韆都捲到空中去了。

強風過後，走避奔逃的族人回到大榕樹邊，只看到鞦韆由高空中緩緩飄落，卻不見慕阿凱凱美麗的身影，全場陷入一聲聲哀嘆哭泣，眾人到處著急地呼喚她的名字，卻仍毫無下落。

慶典只好黯然落幕，最可憐的是慕阿凱凱的父母，痛失愛女之後，終日以淚洗面，庫勒勒爾樂更是痛不欲生，族人一提起這件不幸，都紛紛搖頭低聲嘆氣，歡笑不再。

話說慕阿凱凱隨著龍捲風飄啊飄的，最後飄落在一個遙遠而陌生的地方。壞老人大惡勒早就在她飄落的地點等著，當慕阿凱凱在驚恐中飄落地面，還來不及看清四周時，大惡勒已經將她捆綁起來，並用布蒙住眼睛，背著她快步向神秘的森林走去。

慕阿凱凱慢慢從暈眩中恢復意識，發現自己全身動彈不得，用力睜開眼睛，竟是漆黑一片，不禁傷心又害怕地流淚呼喚：

「依娜！依娜！快來救我！」（魯凱語 ina，意指媽媽。）

大惡勒立刻拿出預先包好的檳榔給她，並且假惺惺地溫柔安慰她說：

「孫女兒啊！妳放心！我不會傷害妳！我要帶妳到一個地方，保證妳一定很快樂的。」

慕阿凱凱嚼著檳榔，但眼淚還是不停地流出。每到休息的地方，慕阿凱凱便把檳榔汁吐向左右，希望留下記號，好讓急著找她的父母知道行蹤。

據說，慕阿凱凱吐出的汁液，在右邊長出一種叫大拉牡安心的檳榔樹和一種叫咾威嗚的荖葉；左邊則長出另一種叫芭咕拉麗阿的檳榔和劣等的達哇嗚哇露荖葉。

最後，他們來到另一個部落郊外的榕樹下，大惡勒把綁住慕阿凱凱手腳的繩子鬆開，拿掉她眼睛上的罩布，她伸展雙手，揉著眼睛後慢慢睜開，發現眼前所見到的都是陌生的臉孔。

迎接慕阿凱凱的人已經在等待，尤其是老人大惡勒所設計配對的男子、也就是他的孫子，以及其他家人。可是慕阿凱凱無法接受這種強迫的行為，只是非常冷淡地呆坐著，對任何人都不看不聽，憤恨澎湃洶湧心中。

慕阿凱凱只愛父母以及青梅竹馬的庫勒勒爾樂、還有朝夕相處的族人，根本沒想過和任何外人共同生活。但是這個部落的大貴族和長老，每天不斷很有禮貌地向慕阿凱凱道歉，又很正式地拿出一大盒琉璃珠和一串串首飾當聘禮。舉目無親、又累又餓的她，知道自己已經回不去了，也沒有其他選擇餘地，只好無奈地被背著進入部落，嫁給了大惡勒的孫子。

慕阿凱凱被強擄到陌生地方，嫁給不認識的人，只能終日暗自垂淚。雖然丈夫對她極為疼愛，但慕阿凱凱日思夜想的都是故鄉的父母、愛人，以及呵護她的族人。每當早上晨曦從東方照耀的時候，慕阿凱凱總是對著陽光偷偷啜泣、祈禱，盼望有一天族人能夠找到自己。

日復一日，年復一年，已過了十幾個春天，慕阿凱凱也已經生兒育女。雖然難忘家人，但仍克盡本分地稱職持家，扮演著好妻子、好母親的角色。有一天，慕阿凱凱的男人終於說，非常感謝這些年來的付出，為了體諒她對故鄉、家人的思念，決定帶一些貴重禮物，全家陪著慕阿凱凱返鄉。

興奮又畏怯的慕阿凱凱，在丈夫、子女相伴下，循著多年以前被擄的原路回娘家。沿路上，慕阿凱凱以前吐出檳榔汁而長出的檳榔樹和荖葉，都已長高、開花、結果。

故鄉的族人遠遠看見眾多外地人緩緩走來，好奇地靜靜觀看等待。當慕

阿凱凱表明身分之後，馬上有人尖聲驚叫：

「她還活著！慕阿凱凱回來了！」

消息迅速地傳播開來，鄉親一一熱烈歡呼迎接，個個喜上眉梢。慕阿凱凱的父母聞訊，也疑惑地拄著枴杖出來迎接。

回到娘家，慕阿凱凱眼看久別多年的父母，已經是白髮蒼蒼的老人；見到家裡還留著當時因失去她而佩戴的喪布，百感交集。眾人相擁而泣，既對命運的捉弄不勝唏噓，也對重聚團圓充滿歡喜、安慰。

◆

第2話

◆

雲豹的頭蝨家族

很久很久以前，大地才歷經大洪水不久。阿美族、卑南族、魯凱族三個族群還一起居住在東海岸的把那巴那揚。

其中，魯凱族群分為達魯瑪克、達德樂，以及在轉角處的古茶布安等三個小族群。

族裡有兩兄弟，哥哥名叫布喇路丹，弟弟名叫巴格德拉斯，他們都是部落中的首領。兩兄弟覺得希給巴里吉這處小小的溪岸沖積地，已經容不下逐漸增多的族人，為了後代子子孫孫考量，必須去尋找另一個較寬闊、可以長久居住的地方。

於是，兩兄弟帶著他們的獵犬雲豹，向族人解釋離開的理由後，依依不捨地說：「唉依！莎保！」（魯凱語 Aye!sabao，意指：再會了，抱歉要離開你們。）

在祝福的道別聲中，快速動身出發。

兄弟倆沿著太麻里溪谷溯源而上，沿路一面打獵，一面尋找他們夢中的樂園。

他們順著夕陽沉落的方向前進，每次都以為只要跨過高山上榕樹林台地，便到了世界的邊緣；誰知到了山頂，遙望西邊，才知道還有一望無際的

ルカイ族

山川和叢林。

　　如此翻過一座又一座的高山，兩兄弟疲憊不堪地來到一處人煙罕至的地方，口渴、飢餓，無法動彈。獵犬雲豹雖然也累得喘息不已，卻突然又矯健地消失在山林中。

　　眼看天色快暗了，他們正打算趕緊四處尋找水源解渴時，雲豹一身濕淋淋地縱躍出現在他們面前，一邊抖落水珠，一邊引領他們到一處溪谷——竟然是一潭豐沛又清澈的水源！

　　雲豹在岸邊舔水解渴之後，便躺下睡著了。不論兩兄弟怎麼呼喚，牠就是賴著不走，哥哥布喇路丹認為：

　　「可能神明的意思就是要我們在此定居。」

　　接著，兩兄弟謹慎地從溪邊走出來，詳細探勘周圍地形，覺得天然條件很好，便在西邊的鞍部，選了一個有自然屏障易守難攻的新家園古茶布安，也就是現在的舊好茶部落。

　　兩兄弟找到一塊長方形的石柱，合力把它豎立在鞍部的山頂，表示：「我們擁有這一塊地！」

　　之後，哥哥布喇路丹吩咐弟弟巴格德拉斯由原路回到部落，邀請家屬及親友共五家，大約二十五人，遷移到這裡定居。

　　移民家庭當中有一家名叫爾部祿，受到族人的信任與委託，專職養育、照顧雲豹的生活。他們人品很好，又有愛心，更了解雲豹的習性與需求，和雲豹建立了深厚的感情。

　　養育雲豹的爾部祿家族，不管哪一代子孫，頭蝨都特別多，因此被稱為「頭蝨家族」；但是他們個個聰明、品德良善、郎才女貌，一向都是各族人人爭相嫁娶的對象。

　　居住在舊好茶部落下方，隘寮南溪對岸的外族，看到新來的移民在這裡拓荒，便不斷地侵犯干擾。

　　有一天，眾多敵人群集在部落的防禦大門，雲豹早已在那裡把守。只看到雲豹用自己的尿液沾濕尾巴，輕輕一揮，就把敵人的眼睛全部打瞎了，族人隨後跟進收拾敵人。從那之後，外族再也不敢侵犯他們。

過了相當長的一段時間，族人覺得獵犬雲豹已經漸漸衰老，不應該再負擔工作，因此想把牠送回原來的故鄉，讓牠過著更快樂、更自在的生活。

於是，全族人開始籌備，首先是動員狩獵，將獵到的比較細嫩的山羌給雲豹享用，做為惜別禮物；較普通的山鹿則給族人作為送別途中的糧食。

留守的族人一個個用手撫摸雲豹告別，並反覆地提醒：

「千萬不要暴露在別族的地盤，以免受到不敬或傷害。」

護送雲豹的獵人們一路上細心地照顧牠，由於雲豹年紀很大了，體力明顯不如當年，行走速度頗為緩慢。

但是，當他們翻過榕樹林，也就是現在魯凱族的聖地巴魯冠時，雲豹突然以閃電般的速度衝入叢林，獵人們根本來不及呼喚。

不久卻聽到不遠處傳來山鹿的悲鳴聲，獵人們隨後追尋，只見雲豹坐在血淋淋的山鹿旁邊等候他們。

「這顯然是牠與我們離別之前，給我們的最後禮物。」

一位經驗豐富的老獵人說。

獵人們趕緊讓雲豹享用山鹿的鮮血、肝臟和心臟，其他的肉則留在原地，等護送雲豹回來經過這裡的時候，再帶回去給族人分享。

他們繼續往前行，走到知本溪東邊一處寬闊的台地，這個地方終年雲霧，氣候濕潤，綠草嫩葉繁茂，獵物種類數量眾多，猶如享用不盡的宴席，雲豹的食物必然永不匱乏。

老獵人爾部祿，就是那一位陪伴著雲豹度過一生的人，緊緊地抱著牠、親牠，並唸唸有詞地說：

「你是我們所有魯凱人永遠的獵犬。

我們會永遠記得，

你曾經陪伴著我們度過那艱苦的歲月。

你以獵物養育我們，

使我們有尊嚴；

也留給我們子子孫孫

一塊永不被侵犯的美地，

和永不枯竭的泉源。

回到你的祖先身旁和永遠的故鄉那裡去吧！」

說完之後，他們便把雲豹給放了。雲豹走了幾步便停住，轉頭不捨地再看他們一眼，接著，便匆匆躍入叢林，消失蹤影。

從此，雲豹的民族魯凱人，不殺雲豹，不穿雲豹的皮，不穿戴有雲豹牙的花冠，也以自己是雲豹的民族為榮耀，不論再惡劣的環境或再艱苦的生活，永遠憑著雲豹的精神，以堅韌的生命力，努力不懈。

第3話

卡巴哩彎

　　很久很久以前，魯凱族的始祖原本來自達露巴淋湖附近的卡里阿罕，這裡正是生命第一道曙光降臨的地方。

　　那時候，大地一片混沌，沒有任何生命，唯獨卡里阿罕一個神秘洞穴裡頭的陶壺中，有兩粒太陽的蛋；每當東方第一道曙光乍現，便正好照射在這兩粒蛋上。

　　陽光日復一日地照耀著，有一天，這兩粒蛋破殼，誕生了一對兄妹：男孩子名叫依拉伊勞，女孩子名叫阿拉優沐。他們兩人後來成為夫婦，生了一對兄妹，男孩子叫阿喇琉，女孩子叫冒都都姑。

　　阿喇琉和冒都都姑長大後又成為夫婦，那時，正好遭遇大地洪水氾濫，生活環境非常惡劣，所生的幾個孩子都雙目失明，相繼夭折；最後生下來唯一存活的小女兒名叫凱亞卡德，也是瞎子。

　　冒都都姑很想再生個小男孩許配給凱亞卡德，可是丈夫年已老邁，不能再生小孩，她很為女兒的未來擔憂。

　　有一天，天色朦朧，東方出現一道曙光，從天窗照射下來，隨後掉落一粒檳榔，冒都都姑撿起來往嘴裡咀嚼，於是懷孕生了蘇馬拉拉伊。

　　慶幸的是，凱亞卡德和蘇馬拉拉伊成為夫婦之後，生養了很多健康的子

子孫孫，開始繁衍族群。

當大洪水慢慢退去，凱亞卡德和蘇馬拉拉伊夫婦帶著年邁的雙親，向東方順著洪水消退的谷地，走到洪水退盡的一處平原台地定居下來。

由於洪水剛退，台地黏糊糊的，便稱這個地方叫里都古阿。

過了一代又一代，族中人數成長得很快。到了凱亞卡德和蘇馬拉拉伊不知第幾代的子孫阿東蓋亞和娥稜夫婦，生了兩個兄弟——卡里瑪勞和巴沙卡拉尼，兩兄弟都覺得族人這麼多，必須再找其他地方定居。

哥哥卡里瑪勞認為時機成熟，便對弟弟巴沙卡拉尼說：

「黏糊糊的地實在不容易生存，為子子孫孫的將來，我們必須另外尋找更寬闊的地方。」

卡里瑪勞又說：「往山上走，應該比較容易尋找食物！」

於是，卡里瑪勞和弟弟巴沙卡拉尼各帶一群族人出發，找尋適合居住的土地。

卡里瑪勞這一支隊伍便到了肯都爾山。

巴沙卡拉尼所帶領的這一群人，則沿著海岸線經過古拉拉烏，起初來到瑪底阿讚，後來因為地勢不理想，又常受外來侵擾，於是又遷移到卡巴哩彎。

在魯凱人心目中，卡巴哩彎就是他們永久的家鄉。

第4話

多情的巴嫩姑娘

卡巴哩彎部落的大頭目瑪巴琉，家中有三個小孩：老大是女孩，名字叫巴嫩，她還有一個弟弟、一個妹妹。

巴嫩正值適婚年齡，容貌猶如純潔嬌美的百合，吐露著幽幽芳香，令人難忘。尤其，她那柔美而清澈的眼神，宛如神秘的朝陽，見了她，眩目、心醉以及眷戀的心情霎時湧現，交織著意亂情迷的好感；甚至於遙遠的東魯凱、排灣以及布農，都聽過巴嫩這個美人的名字。

卡巴哩彎部落剛收完小米，豐年佳節的各項祭典和相關生命禮俗的儀式即將展開，這個時候正是男男女女相親的最好時機。因為剛收完小米，釀製小米酒和搗製小米黏糕送禮給女方，是收穫節重要項目之一。

從各地慕名而來的客人，早已使巴嫩的家裡座無虛席了。

夜晚明月當空，正是豐年祭「被滿足之日」的最高潮，部落的年輕人及遠道而來的客人都聚集在巴嫩家，歡樂的歌聲，貫穿整個山谷。巴嫩穿著華麗的盛裝，坐在女孩子們的中央，顯得格外出眾。

這樣深受大家喜愛，讓巴嫩感到非常榮耀。但儘管如此，無論大家如何想盡辦法表達情意，她也不知道為什麼，卻始終都不為其所動。

午夜已過，歌聲依然嘹亮，不知不覺中，從擋風石板牆的縫隙間吹來陣

ルカイ族

178

陣微風，伴著幽遠的笛聲，牽動巴嫩的心思進入奇幻的情境。

奇妙的是，眾人高亢的歌聲竟然壓不住笛聲扣人心弦的傾訴，它猶如一隻孤獨的熊鷹，忽而展翅在蔚藍壯闊的天海，忽而又若隱若現穿梭在浪花與浮雲間，然後漸漸遠去。

巴嫩的心情迷戀地追隨著尾音，一時無法拉回現實。

而這一段不可思議的歷程，旁邊的女孩子們以及眾多客人完全沒有發現。

第二個夜晚，巴嫩的家比前一個晚上更熱鬧，歌聲更宏亮、動人，男男女女的情歌掀起另一波高潮。

月光悄悄的向西方傾斜，熱情的歌聲也逐漸進入慢板的詠嘆：

「愛情雖是喜悅的，奈何人生如朝露。」

悠揚的歌聲中充滿著離情的韻味，莫非這是巴嫩的最後一夜，預示她即將要和親人分開？

這個同時，石縫裡又吹來陣陣微風，動人的笛聲，幾乎奪走了巴嫩的靈魂。

突然，笛聲像熊鷹爬升高空翱翔，然後瞬間俯衝下來、突然而止；陣陣涼風從大門吹進，越來越強烈！眾人驚嚇，紛紛奪門而出，只剩巴嫩的父母以及陪她的女伴。

他們發現一條粗大而華麗的蛇緩緩滑行，來到巴嫩的正前方，但巴嫩眼中看到的，卻是一位非常英俊瀟灑且有威儀的男子。還未開口交談，巴嫩就已經愛上他了。

這名男子向巴嫩表明愛意之後，立即消失無蹤。巴嫩的父母和女伴們，驚慌得說不出話來。

這件事很快在部落傳開，遠道而來的客人再也不敢接近巴嫩了。大家完全不知道她所見到的，正是達露巴淋王國的君王卡瑪瑪尼阿尼。

不久之後的某一天，突然閃電雷聲大作，穿過層層烏雲，彷彿狂風暴雨即將到來。奇怪的是，說是狂風，卻不見樹木起舞。隨著沙沙的聲音愈來愈近、愈來愈刺耳，族人們突然看到，原來是蛇族們簇擁著卡瑪瑪尼阿尼前來

迎娶巴嫩。

事實上，蒞臨大頭目瑪巴琉家迎親的事情，卡瑪瑪尼阿尼早已託夢給巴嫩的父母親，而巴嫩本人也非常明白並欣然接受。

蛇隊們帶著很多的禮物，包括最貴重的陶壺及珍貴的琉璃珠等，作為對地位崇高的巴嫩的聘禮；還有許多華麗的衣裳、花冠、項鍊、手鐲、耳環，作為獻給巴嫩的禮物。巴嫩的父母見到這麼隆重的安排，女兒又一見傾心，只好無奈地看著他們的愛女嫁給達露巴淋王國的君王。

巴嫩出嫁前的最後一夜，族人來到大頭目瑪巴琉家參加惜別舞會，達露巴淋王國的君王卡瑪瑪尼阿尼威風地端坐在石柱前的寶座，其他大大小小的蛇伴則爬到大榕樹上，數量多到讓高大榕樹的莖葉都垂了下來。

因為巴嫩這一嫁出去，再也不能回來，大家離情依依卻又忐忑不安，跳舞跳到天明，實在捨不得結束。

迎親日的早晨，替巴嫩送行的人多如濃霧，大部分的人只送到部落郊外的山頭，而體力好的便陪著一路隨行到巴嫩的夫家。

當他們到達露巴淋湖時，送行的家屬站在湖邊，巴嫩一一向父母及親友握手話別：「生離死別是永恆的開始，我只是先走一步而已，請不要替我擔心。」

巴嫩輕聲叮嚀族人：

「當你們來到山上打獵，一定要記得經過湖邊，我必定為你們準備食物，摸一摸若是溫的，就拿去享用；若是冷的，那是陌生人家煮的，要小心！不可以吃，務必記住。」

最後，巴嫩含淚說：

「你們在這個地方目送著我，當你們看到為我遮陽的榕樹枝葉，慢慢從湖面消失時，表示我已經進到夫家了。」

隨後，微風帶著淡淡的薄霧吹向湖面，把巴嫩和送行的人拉開，在緩緩離去的同時，她一面揮手一面說：

「代我問候我們的族人以及其他親朋好友！也請你們多珍重！唉依！唉依！」（魯凱語 Aye，意指：再會）

巴嫩的身影在親友的目送下，緩緩消失在湖中央。

巴嫩離開之後，依然非常想念愛護她的族人，於是選擇在豐年佳節時，派她的兩個孩子來到卡巴哩彎，拜訪他們的外公、外婆和族人。

巴嫩在安排兩個孩子前往故鄉之前，預先託夢給她的父母，告知兩個孩子即將來訪。

有一天，巴嫩的父母剛從田裡回來，發現兩條卡瑪瑪尼阿尼的小孩宿於靠窗的寢台，兩位老人家非常尊敬地以美酒和鮮肉來供奉。那天晚上，兩兄弟託夢給他們的外公外婆說：

「是母親派我們來看你們的，謝謝外公、外婆對我們的禮遇。」

第二天醒來，兩兄弟已經不見了。

巴嫩的後裔代代都是如此探望親人。

有一天，一個不認識這個家族的媳婦，抱著嬰孩想放進搖籃，突然發現卡瑪瑪尼阿尼的小孩在搖籃裡，驚慌中將搖籃給踢翻了，卡瑪瑪尼阿尼的小孩毫無尊嚴地掉落地上而消失。

巴嫩聽到這個消息非常難過，託夢給族人說：

「我再也不派我的後代來拜訪你們了，因為你們已慢慢不認識我了。」

又說：

「往後，當你們看到白鷺鷥飛翔在部落的上空時，就表示我對你們的無限懷念。」

有關巴嫩託夢的事被族人知道了，於是大家在豐年祭的時候特別舉行祭拜儀式，希望得到寬恕，並盼望在祭典期間，巴嫩能夠再度顯現。但，一切似乎都太遲了。

豐年祭的最後一天，夕陽西下時，只見一隻白鷺鷥孤零零地在卡巴哩彎的上空飛翔盤旋。族人看了之後，也感嘆地說：

「巴嫩，我們的祖母啊！我們也非常懷念您啊！」

附録1　台湾華語単語リスト

文責：1〜3　　古川　裕
　　　4〜6　　中田聡美
　　　7〜10　林　初梅

編者注：
　以下の単語の漢字表記と注音字母（ルビの発音表記）は、台湾教育部が公布した『教育部国語辞典簡編本』http://dict.concised.moe.edu.tw/jbdic/index.html に依拠したものである。ローマ字表記の漢語ピンインも付したが、本書は台湾華語の標準発音に基づいたものであるため、中国普通話の発音と異なる場合もある。

（単語の並べ方は本文に出てくる順）

1—1

據說	jùshuō	〜ということだ
畢竟	bìjìng	結局のところ
專心	zhuānxīn	専念する
陀螺	tuóluó	こま
懶散	lǎnsàn	だらだらしている
甩打	shuǎidǎ	たたきつける
驚訝不已	jīngyà bùyǐ	驚きがやまない
祭祀儀式	jìsì yíshì	祭りの儀式
禁忌	jìnjì	タブー
神奇	shénqí	不思議で珍しい
干涉	gānshè	干渉する
遙遠	yáoyuǎn	はるかに遠い
懷孕	huáiyùn	懐妊する
堅持	jiānchí	続ける
必須	bìxū	必ず
梯子	tīzi	はしご
吩咐	fēnfù	言いつける
嘆氣聲	tànqìshēng	ため息
變形	biànxíng	形を変える
當場	dāngchǎng	その場で
斷氣	duànqì	息絶える

1－2

要脅	yāoxié	脅迫する
置之不理	zhìzhī bùlǐ	相手にしない
高漲	gāozhǎng	高まる
拯救	zhěngjiù	救い出す
捨不得	shěbùdé	惜しくて～できない
迫不得已	pòbùdéyǐ	やむを得ない
籃子	lánzi	かご
漂流	piāoliú	漂流する
異象	yìxiàng	変わった様子
消失無蹤	xiāoshī wúzōng	消え去る
鐵棒	tiěbàng	鉄の棒
手杖	shǒuzhàng	つえ
獨自	dúzì	ひとりで
奔走	bēnzǒu	駆け回る
侵犯	qīnfàn	侵す
界線	jièxiàn	境界線

1－3

騷擾	sāorǎo	騒がす
危害	wéihài	危害
尤其	yóuqí	とりわけ
懂事	dǒngshì	物心がつく
蹊蹺	xīqiāo	怪しい、疑わしい
赫然	hèrán	恐ろしいことが突如始まること
一乾二淨	yì gān èr jìng	きれいさっぱりと
津津有味	jīn jīn yǒu wèi	味わい深くおいしい
層出不窮	céngchū bùqióng	絶え間なく生じる
手臂	shǒubì	腕
頭目	tóumù	頭目、原住民集落のリーダー
舉辦	jǔbàn	とり行う
無影無蹤	wú yǐng wú zōng	形跡もない

183

1−4

勤奮	qínfèn	勤勉である
滂沱大雨	pāngtuó dàyǔ	激しく降る大雨
滾滾洪水	gǔngǔn hóngshuǐ	大量の洪水
淹死	yānsǐ	溺れて死ぬ
島嶼	dǎoyǔ	島
人煙	rényān	人家
恍惚	huǎnghū	ぼんやりする
彷彿	fǎngfú	あたかも
圍繞	wéirào	取り囲む
發覺	fājué	気がつく
捆綁	kǔnbǎng	縛る
承擔	chéngdān	引き受ける
雙臂	shuāngbì	両腕
腋下	yèxià	脇の下
交代	jiāodài	話し伝える
完畢	wánbì	終わる
求饒	qiúráo	許しを求める
隨從	suícóng	お供をする
菜餚	càiyáo	おかず
豐盛	fēngshèng	豊富な
堅固	jiāngù	丈夫である
趁機	chènjī	機会を利用して
訝異	yàyì	怪しむ
火把	huǒbǎ	たいまつ
慌張	huāngzhāng	慌てる
追趕	zhuīgǎn	追いかける
試圖	shìtú	試す
佳餚	jiāyáo	ごちそう
檳榔	bīnláng	ビンロウ（植物）
糯米	nuòmǐ	もち米

184

1−5

難過	nánguò	つらい
終究	zhōngjiù	結局のところ
丟棄	diūqì	捨てる
驚喜	jīngxǐ	驚き喜ぶ
扶養	fúyǎng	養う
螃蟹	pángxiè	蟹
香蕉	xiāngjiāo	バナナ
棉被	miánbèi	綿入れの掛け布団
撿拾	jiǎnshí	拾う
禁不起	jīnbùqǐ	耐えられない
鄰近	línjìn	近所
好不容易	hǎobùróngyì	やっと～する
抱怨	bàoyuàn	文句を言う、不満を抱く
懇求	kěnqiú	懇願する
媳婦	xífù	嫁
驚恐	jīngkǒng	恐怖にかられる
乖巧	guāiqiǎo	利口である
看顧	kāngù	世話をする
陌生	mòshēng	見ず知らずの
東張西望	dōng zhāng xī wàng	きょろきょろする
一連串	yìliánchuàn	一連の
姊姊	jiějie	姉
或許	huòxǔ	～かもしれない
對答如流	duìdá rúliú	すらすらと答える
儘管如此	jǐnguǎn rúcǐ	例えそうであっても
半信半疑	bàn xìn bàn yí	半信半疑
的確	díquè	確かに

2−1

氾濫成災	fànlàn chéng zāi	洪水の災害が生じる
淹沒	yānmò	水浸しになる
搭乘	dāchéng	乗る

舟筏	zhōufá	いかだ
尋找	xúnzhǎo	探す
漫無目的	màn wú mùdì	何ら目的もない
搖晃	yáohuàng	揺れ動く
曬	shài	日に当てる
發暈	fāyūn	目まいがする
苦不堪言	kǔ bù kān yán	辛くて耐えられない
寄人籬下	jìrénlíxià	他人の厄介になる
咬緊牙關	yǎojǐn yáguān	歯を食いしばる
雀躍	quèyuè	小躍りする
種植	zhòngzhí	植える
繁衍	fányǎn	繁殖する
遷徙	qiānxǐ	移動する

2−2

臭鼬	chòuyòu	スカンク
欺騙	qīpiàn	騙す
灑	sǎ	撒く
答應	dāyìng	答える
夾雜	jiázá	混ざる
埋伏	máifú	待ち伏せする
絞盡腦汁	jiǎo jìn nǎozhī	知恵を絞る
風箏	fēngzhēng	凧
駕馭	jiàyù	操る
俯衝	fǔchōng	急降下する
雙胞胎	shuāngbāotāi	双子
恍然大悟	huǎngrán dàwù	ハッと悟る
骯髒	āngzāng	汚れている
污穢	wūhuì	汚い
噁心	ěxīn	吐き気がする
倒塌	dǎotā	崩れる

2−3

小米	xiǎomǐ	栗（あわ）
英俊	yīngjùn	ハンサムな
分享	fēnxiǎng	分け与える
嚴格	yángé	厳しい
藏匿	cángnì	隠す
沒收	mòshōu	没収する
屢試屢敗	lǚ shì lǚ bài	試すごとに失敗する
鍥而不捨	qiè'érbùshě	諦めることなく
不得已	bùdéyǐ	やむを得ず
搭配	dāpèi	組み合わせる
祈禱	qídǎo	祈る

2−4

搗蛋鬼	dǎodànguǐ	いたずらっ子
惡作劇	èzuòjù	悪ふざけ
羞恥	xiūchǐ	恥じる
屢次	lǚcì	何度も
規勸	guīquàn	忠告する
打獵	dǎliè	狩りをする
圍捕	wéibǔ	囲んで捕まえる
興高采烈	xìnggāo cǎiliè	大喜びする
蹤影	zōngyǐng	形跡
徬徨	pánghuáng	さまよう
憐憫	liánmǐn	憐れむ
拋	pāo	放る
海灘	hǎitān	浜辺
摔跤	shuāijiāo	転ぶ
祭謝	jìxiè	祭って感謝する
耕作	gēngzuò	耕作する
砍柴	kǎnchái	柴刈りをする
飯簍	fànlǒu	弁当箱
驚慌	jīnghuāng	驚き慌てる

後裔	hòuyì	子孫

3－1

浩瀚	hàohàn	広々とした
貝殼	bèiké	貝殻
茂盛	màoshèng	繁茂する
古怪	gǔguài	変てこな
耕種	gēngzhòng	耕作する
胖嘟嘟	pàngdūdū	まるまる太った
應驗	yìngyàn	効き目が現れる
欣慰	xīnwèi	ホッとする
語重心長	yǔzhòng xīncháng	言葉を選んで伝える

3－2

挨餓	āi'è	飢えに苦しむ
眾多	zhòngduō	数多くの
情有獨鍾	qíngyǒudúzhōng	思い入れがある
癢	yǎng	かゆい
遵守	zūnshǒu	きちんと守る
愧疚	kuìjiù	恥じ入る
儘管	jǐnguǎn	できる限り、遠慮なく
牢記	láojì	しっかり覚える
虔誠	qiánchéng	敬虔で誠意がこもっている
曬乾	shàigān	日に当てて乾かす
象徵	xiàngzhēng	象徴となる

3－3

溝通	gōutōng	意思疎通をする
領悟	lǐngwù	悟る
船隻	chuánzhī	船
教導	jiàodǎo	教え導く
融洽	róngqià	うちとける
地瓜	dìguā	サツマイモ

討厭	tǎoyàn	嫌う
砍伐	kǎnfá	伐採する
芋頭	yùtóu	サトイモ
逐一	zhúyī	ひとつずつ
遭遇	zāoyù	遭遇する
叮囑	dīngzhǔ	言いつける
莊嚴	zhuāngyán	荘厳な
碩大	shuòdà	大きな
飼養	sìyǎng	飼う
親朋好友	qīnpéng hǎoyǒu	親戚友人
家畜	jiāchù	家畜
贈送	zèngsòng	贈る

3－4

尋常	xúncháng	普通の
小心翼翼	xiǎoxīn yìyì	注意深い
隱藏	yǐncáng	隠す
好奇	hàoqí	好奇心がある
憐惜	liánxí	憐れむ
摟	lǒu	抱く
活蹦亂跳	huóbèng luàntiào	跳ね回る
左鄰右舍	zuǒ lín yòu shè	となり近所
年邁	niánmài	高齢の
溫柔	wēnróu	やさしい
堅定	jiāndìng	きっぱりと
口吻	kǒuwěn	口ぶり
寶貝	bǎobèi	たからもの
困擾	kùnrǎo	困る
轉眼	zhuǎnyǎn	あっという間に
糾纏	jiūchán	つきまとう
拂	fú	ぬぐう
一五一十	yīwǔyīshí	一部始終
屠殺	túshā	殺戮する

挑選	tiāoxuǎn	選ぶ
結實	jiēshí	しっかりした
宰殺	zǎishā	家畜を殺す
宴請	yànqǐng	宴席に招待する

4−1

只好	zhǐhǎo	～するしかない
抵禦	dǐyù	防ぐ、抵抗する
矇	méng	覆う、覆い隠す
驚慌失措	jīnghuāng shīcuò	慌てふためく
躲	duǒ	隠れる、身を隠す
威脅	wēixié	威嚇する、脅かす
唯獨	wéidú	ただ～だけ
慈祥	cíxiáng	慈愛にあふれている、優しい
出草	chūcǎo	首狩りする
剛好	gānghǎo	ちょうどよく
潛水	qiánshuǐ	潜水する
邀功	yāogōng	見返りを要求する
懺悔	chànhuǐ	懺悔する
懷念	huáiniàn	恋しく思う、懐かしく思う
寧願～也～	níngyuàn～yě～	たとえ～しても～だ

4−2

遵守	zūnshǒu	遵守する
貪婪	tānlán	貪欲である
灰濛濛	huīméngméng	薄暗くてぼうっとしている
傾盆大雨	qīngpén dàyǔ	バケツをひっくり返したような大雨
逃過一劫	táo guò yì jié	難を逃れる
用意	yòngyì	意図、ねらい
鄭重	zhèngzhòng	厳粛である、厳かである
熄	xí	消える、消す

闖禍	chuǎnghuò	事件・災いを引き起こす
潮濕(溼)	cháoshī	湿っぽい
考驗	kǎoyàn	試練を課す、試す
烏鴉	wūyā	カラス
輪流	lúnliú	順番にする、交替でする
荒蕪	huāngwú	荒れ果てている
蜷伏	quánfú	身を縮こませてうつぶせる
膽識	dǎnshì	度胸と見識
卡	kǎ	ひっかかる、挟まる
當初	dāngchū	以前、はじめ、当初
輕蔑	qīngmiè	軽蔑する、見下す
瞪	dèng	（目を）みはる
披風	pīfēng	マント
爭先恐後	zhēngxiān kǒnghòu	遅れまいと先を争う
才幹	cáigàn	能力
心服口服	xīnfú kǒufú	完全に敬服する
辛勤	xīnqín	勤勉である、よく働く
開墾	kāikěn	開墾する

4−3

鞦韆	qiūqiān	ブランコ
召喚	zhàohuàn	呼ぶ、呼びかける
提親	tíqīn	縁談を申し入れる
跪	guì	ひざまずく
無能為力	wúnéngwéilì	力がなくてどうすることもできない
敬畏	jìngwèi	畏敬する、畏敬の念を持つ
刁難	diāonán	困らせる、わざといじめる
盤旋	pánxuán	ぐるぐる回る、旋回する
不得不～	bùdébù	～せざるを得ない
不堪	bùkān	堪えない、忍びない
心虛	xīnxū	びくびくする、そわそわする
果真	guǒzhēn	案の定、思った通り

191

跋涉	báshè	山を越え川を渡る、苦しい長旅をする
聘禮	pìnlǐ	結納

5−1

孝順	xiàoshùn	親孝行する、孝行である
瀟灑	xiāosǎ	あか抜けている
懸掛	xuánguà	掲げる、つるす
擺動	bǎidòng	揺れ動く、揺り動かす
全神貫注	quánshén guànzhù	全神経を傾注する、一心不乱になる
情不自禁	qíngbúzìjīn	高まる気持ちを抑えきれない
悄悄	qiāoqiāo	ひそかに、こっそりと
痛不欲生	tòngbúyùshēng	生きているのがつらいほどに悲しい
綑綁	kǔnbǎng	縄で縛る
假惺惺	jiǎxīngxīng	わざとらしい、もっともらしい
澎湃	pēngpài	満ちあふれている
洶湧	xiōngyǒng	わき上がる、荒れ狂う
舉目無親	jǔmù wúqīn	寄る辺のない身の上である
啜泣	chuòqì	すすり泣く
體諒	tǐliàng	理解する、思いやる、察する
畏怯	wèiquè	怖がってびくびくする、おじける
喜上眉梢	xǐ shàng méishāo	大変うれしそうである
唏噓	xīxū	しゃくり泣く、すすり泣く

5−2

寬闊	kuānkuò	広々している、広い
依-依-不-捨	yī yī bùshě	名残惜しい
叢林	cónglín	林、ジャングル
矯健	jiǎojiàn	機敏でたくましい
豐沛	fēngpèi	十分である、豊富である
謹慎	jǐnshèn	慎重である、注意深い
豎立	shùlì	まっすぐ立てる、直立させる

頭蝨	tóushī	頭シラミ
籌備	chóubèi	準備する、段取りする
撫摸	fǔmō	なでる、さする
頗為	pǒwéi	かなり、相当に、たいへん
猶如	yóurú	まるで〜のようである
匱乏	kuìfá	欠乏する
枯竭	kūjié	枯渇する、尽きる
堅韌	jiānrèn	強靭である、粘り強い

5−3

曙光	shùguāng	あけぼのの光、夜明けの光、曙光
日復一日	rìfùyírì	日に日に
夭折	yāozhé	夭折する
朦朧	ménglóng	ぼんやりしている、もうろうとしている
咀嚼	jǔjué	咀嚼する、かみ砕く
黏糊糊	niánhúhú	とろとろした、ねばねばした
隊伍	duìwǔ	部隊、隊列
帶領	dàilǐng	率いる、引率する

5−4

宛如	wǎnrú	さながら〜のごとし
霎時	shàshí	瞬時、瞬く間
座無虛席	zuòwúxūxí	観衆があふれ返る、満員である
嘹亮	liáoliàng	高らかに響き渡る
扣人心弦	kòurénxīnxián	人を深く感動させる
穿梭	chuānsuō	ひっきりなしに往来する
翱翔	áoxiáng	旋回する、滑空する
威儀	wēiyí	威厳のある、重々しい
愈來愈〜	yù lái yù	いよいよ、ますます
欣然	xīnrán	喜んで、快く
忐忑不安	tǎntè bù'ān	心中不安で気が気でない
叮嚀	dīngníng	よく言い聞かせる

務必	wùbì	きっと、必ず、ぜひとも
供奉	gòngfèng	祭る、供養する
搖籃	yáolán	揺りかご
白鷺鷥	báilùsī	シラサギ
寛恕	kuānshù	寛大に扱う、容赦する

6－1

熾熱	chìrè	焼けつくように熱い
蜥蜴	xīyì	トカゲ
隨即	suíjí	すぐさま、直ちに、即刻
驀然	mòrán	急に、突然
瞄準	miáozhǔn	照準を合わせる、狙いを定める
瞎	xiā	盲目である
滅亡	mièwáng	滅亡する、滅びる
沾	zhān	ぬらす、湿らす
不虞	bùyú	心配がない
豊碩	fēngshuò	実り豊かである
昌隆	chānglóng	盛んである、繁盛する

6－2

心曠神怡	xīnkuàng shényí	心が晴れ晴れとして爽快である
活生生	huóshēngshēng	無残にも、むざむざと
俘虜	fúlǔ	捕虜にする
隱瞞	yǐnmán	隠してごまかす
排擠	páijǐ	排斥する
缺陷	quēxiàn	欠陥、欠点
一撮	yìcuō	ひとつまみ
貯藏	zhǔcáng	貯蔵する、蓄える
辨認	biànrèn	見分ける、識別する
瀑布	pùbù	滝
步伐	bùfá	歩調、足並み
夜鶯	yèyīng	ヨナキウグイス
愛戴	àidài	敬愛する、心から慕う

194

占卜	zhānbǔ	占う、占ってもらう
猶豫	yóuyù	ためらう、躊躇する
頌揚	sòngyáng	褒めたたえる、称揚する

6-3

打理	dǎlǐ	処理する、切り盛りする
圖案	tú'àn	図案、模様
豔麗	yànlì	鮮やかで美しい、あでやかに美しい
乞求	qǐqiú	請い求める、懇願する
折騰	zhēténg	繰り返し行う、苦しめる、痛めつける
隨口	suíkǒu	口から出任せに
撂下	liàoxià	言い放つ
肆無忌憚	sìwú jìdàn	勝手気ままにふるまう
不甘	bùgān	〜に甘んじない、〜に満足しない
同歸於盡	tóngguīyújìn	ともに死亡・滅亡する
條紋	tiáowén	線状の模様

6-4

不宜	bùyí	〜しない方がいい、〜すべきではない
冒險	màoxiǎn	危険を冒す、冒険する
異口同聲	yìkǒu tóngshēng	異口同音、皆が口をそろえて同じように言う
不以為然	bùyǐwéirán	そうだとは思わない、納得できない
自生自滅	zì shēng zì miè	自然に発生し、自然に消えていく
火塘	huǒtáng	囲炉裏、火鉢
屍體	shītǐ	死体
警惕	jǐngtì	警戒する、用心する
以免	yǐmiǎn	〜しないようにする

7－1

陸陸續續	lùlùxùxù	続々と
蓄勢待發	xùshìdàifā	前もって準備し、チャンスを待つ
烘製	hōngzhì	こんがり焼く
壓抑	yāyì	抑えつける、抑圧する
例行	lìxíng	恒例
滿載而歸	mǎnzài'érguī	収穫が多い
吆喝	yāohè	大声で叫ぶ
喜孜孜	xǐzīzī	嬉しくてうきうきしている
有跡可循	yǒu jī kě xún	印を付けて分かるようにする
若即若離	ruò jí ruò lí	つかず離れず
筋疲力竭	jīnpílìjié	力が尽き果てる
波光粼粼	bōguāng línlín	水が澄んできらきらしている
眼睜睜	yǎnzhēngzhēng	見ているだけでどうすることもできない

7－2

擅長	shàncháng	たけている
乍現	zhàxiàn	突然現れる
四處竄逃	sìchù cuàntáo	あちこち逃げ回る
定睛	dìngjīng	目をこらす
情急之下	qíngjí zhī xià	事態が切迫している状況
魯莽	lǔmǎng	無鉄砲である
多才多藝	duōcái duōyì	多芸多才な

7－3

和諧	héxié	和やかな
衣食無缺	yīshí wúquē	衣食に不自由のない
魁梧	kuíwú	体格がたくましい
頓然	dùnrán	突然
質問	zhíwèn	問い詰める
反問	fǎnwèn	反問する、聞き返す
爭端	zhēngduān	争いの発端

把肩言歡	bǎ jiān yán huān	仲直りする
永續生息	yǒngxù shēngxí	永続して生息・繁殖する
一網打盡	yìwǎng dǎjìn	一網打尽にする

7−4

孿生子	luánshēngzǐ	双子
屛障	píngzhàng	障壁
無憂無慮	wú yōu wú lù	憂いも心配もない
稟告	bǐnggào	上申する
怠慢	dàimàn	行き届かない

7−5

保佑	bǎoyòu	神の加護
迷迷糊糊	mímíhúhú	ぼんやりする
莫非	mòfēi	まさか〜ではあるまい
罷手	bàshǒu	手をひく
瘟疫	wēnyì	疫病

8−1

淤積	yūjī	土砂が沈殿してたまる、堆積する
倖存	xìngcún	運良く生き残る
憑證	píngzhèng	証拠、証明書
所剩無幾	suǒshèngwújǐ	殆ど残りがない
神似	shénsì	よく似ている、そっくり
失散	shīsàn	はぐれる、生き別れる
寒暄交談	hánxuān jiāotán	挨拶して歓談する
信物	xìnwù	証とするもの
蛛絲馬跡	zhūsī mǎjī	かすかな手掛かり

8−2

山豬	shānzhū	イノシシ
片刻	piànkè	ちょっとの間
癡情	chīqíng	一途な思い

伺機	sìjī	機をうかがう
錯愕	cuò'è	突然でびっくりする
從容不迫	cōngróng búpò	平然と落ち着いている
哀嚎	āiháo	悲しみ泣き叫ぶ
首領	shǒulǐng	かしら、首領
察覺	chájué	察する
來勢洶洶	láishìxiōngxiōng	押し寄せて来る勢い
咆哮聲	páoxiàoshēng	うなり声
怵目驚心	chùmù jīngxīn	深刻な光景を目にして驚く
行徑	xíngjìng	行い、挙動
寡不敵眾	guǎbùdízhòng	多勢に無勢、小人数では大人数に対抗できない
劣勢	lièshì	劣勢

8−3

節慶	jiéqìng	祝賀行事
崗位	gǎngwèi	（仕事の）持ち場
聚落	jùluò	集落
乾脆	gāncuì	いっそのこと
間斷	jiānduàn	中断する
遷居	qiānjū	移転する、引っ越す
硬性規定	yìngxìng guīdìng	変更不可能の規定
前奏	qiánzòu	前触れ
附身	fùshēn	身につきまとう

9−1

暴風雨	bàofēngyǔ	嵐
習以為常	xíyǐwéicháng	慣れて当たり前になる
逃生	táoshēng	避難する
嘲笑	cháoxiào	嘲笑する、あざ笑う
寧可信其有	níngkě xìn qí yǒu	むしろ信じるべし
聽天由命	tìngtiān yóumìng	成り行きに任せる、天命を待つ

掙扎	zhēngzhá	もがく
載沉載浮	zài chén zài fú	浮き沈み
滅頂	mièdǐng	溺死する
靈驗	língyàn	効き目がある、的中する
始祖	shǐzǔ	始祖
化身	huàshēn	生まれかわり

9−2

下凡	xiàfán	下界に下りる
蠻荒	mánhuāng	未開で辺鄙なところ
葫蘆	húlú	ひょうたん
美中不足	měizhōng bùzú	玉に瑕
傳宗接代	chuánzōng jiēdài	代々血統を継ぐ
下廚房	xià chúfáng	料理する
勉強	miǎnqiǎng	強いる、無理にさせる

9−3

歉收	qiànshōu	不作
風調雨順	fēngtiáo yǔshùn	気候がよい
陸稻	lùdào	おかぼ
法術	fǎshù	シャーマニズム
暮秋	mùqiū	晩秋
通宵達旦	tōngxiāo dádàn	一晩中、徹夜して夜明けまで
好色	hàosè	好色、色事が好きなこと、女好き
忍氣吞聲	rěnqì tūnshēng	黙って怒りをこらえる
有恃無恐	yǒushì wúkǒng	頼る所があって恐れない
裝聾作啞	zhuānglóng zuòyǎ	見て見ぬふりをする
顧不得	gùbùdé	手が回らない
意氣用事	yìqì yòngshì	一時の感情で物事を処理する
從長計議	cóngcháng jìyì	じっくり考えて計画する
恩將仇報	ēnjiāngchóubào	恩を仇で返す
老成持重	lǎochéng chízhòng	経験豊富で落ち着いている
予取予求	yǔqǔ yǔqiú	ほしいままに要求する

息事寧人	xíshì níngrén	折れ合って穏便に解決する
一言九鼎	yìyán jiǔdǐng	一度口に出したら取り返しがつかない
變本加屬	biànběn jiālì	一層ひどくなる
狼狽	lángbèi	狼狽する、困り苦しむ
劍拔弩張	jiànbá nǔ zhāng	一触即発の状態
義憤填膺	yìfèn tiányīng	憤りが胸中に満ちる
懸崖	xuányái	断崖

10−1

矗立	chùlì	そびえたつ
怯生	quèshēng	人見知りする
細細聆聽	xìxì língtīng	耳を澄まして聞く
穿梭	chuānsuō	頻繁に行き来する
相依為命	xiāngyī wéimìng	運命を共にする
默契	mòqì	暗黙の了解
渴望	kěwàng	渇望する
機警	jījǐng	機敏である
喜出望外	xǐchūwàngwài	望外の喜び

10−2

呼喚	hūhuàn	呼びかける
大快朵頤	dàkuàiduǒyí	思う存分食べる
呼之即來	hūzhījílái	呼べばすぐ来る、人を意のままに命ずる
忘恩負義	wàng'ēn fùyì	恩を仇で返す
張口結舌	zhāngkǒu jiéshé	どぎまぎしてものが言えない
七嘴八舌	qī zuǐ bā shé	大勢ががやがやと喋る
懶惰	lǎnduò	怠ける
霉運	èyùn	災難
捉弄	zhuōnòng	もてあそぶ
冷不防	lěngbùfáng	突然、不意に
溫飽	wēnbǎo	衣食の足りている生活維持の最低ライン

告誡	gàojiè	戒める
貪心	tānxīn	欲張り

10－3

雨過天晴	yǔ guò tiān qíng	雨が上がり晴れる、好転する
嘎嘎	gāgā	タイヤル語。タイヤル族のしきたり、信仰及び生活規範の総称
佩服	pèifú	感服する
冥頑不靈	míngwán bùlíng	頑固な
囂張	xiāozhāng	傲慢な、偉そうに
弧形	húxíng	弧状、アーチ型
靈界	língjiè	彼岸、霊界
古訓	gǔxùn	昔からの言い伝え
風光	fēngguāng	かっこういい
把關	bǎguān	関所を守る
規規矩矩	guīguījǔjǔ	真面目である、きちんとしている

附録2　注音字母と漢語ピンインの対照表

作成：林　初梅

【子音】

ㄅ b(o)	ㄆ p(o)	ㄇ m(o)	ㄈ f(o)
ㄉ d(e)	ㄊ t(e)	ㄋ n(e)	ㄌ l(e)
ㄍ g(e)	ㄎ k(e)	ㄏ h(e)	
ㄐ j(i)	ㄑ q(i)	ㄒ x(i)	
ㄓ zh(i)	ㄔ ch(i)	ㄕ sh(i)	ㄖ r(i)
ㄗ z(i)	ㄘ c(i)	ㄙ s(i)	

【付記】

「ㄓ」、「ㄔ」、「ㄕ」、「ㄖ」、「ㄗ」、「ㄘ」、「ㄙ」は、それぞれ単独（母音字母なし）で漢語ピンインの「zhi」、「chi」、「shi」、「ri」、「zi」、「ci」、「si」を表す。

【母音】

一 i, yi	ㄨ u, wu	ㄩ ü, yu	
ㄚ a	ㄛ o	ㄜ e	ㄝ ie
ㄞ ai	ㄟ ei	ㄠ ao	ㄡ ou
ㄢ an	ㄣ en	ㄤ ang	ㄥ eng
ㄦ (e)r			

【声調記号】

声調	注音字母	漢語ピンイン
第1声（媽）	ㄇㄚ	mā
第2声（麻）	ㄇㄚ´	má
第3声（馬）	ㄇㄚˇ	mǎ
第4声（罵）	ㄇㄚ`	mà
軽　声（嗎）	ㄇㄚ˙	ma

【複合母音】

	一 i, yi	ㄨ u, wu	ㄩ ü, yu
ㄚ a	一ㄚ ia	ㄨㄚ ua	
ㄛ o		ㄨㄛ uo	
ㄜ e			
ㄝ (i)e	一ㄝ ie		ㄩㄝ üe
ㄞ ai	一ㄞ iai	ㄨㄞ uai	
ㄟ ei		ㄨㄟ uei	
ㄠ ao	一ㄠ iao		
ㄡ ou	一ㄡ iou		
ㄢ an	一ㄢ ian	ㄨㄢ uan	ㄩㄢ üan
ㄣ en	一ㄣ in	ㄨㄣ uen	ㄩㄣ ün
ㄤ ang	一ㄤ iang	ㄨㄤ uang	
ㄥ eng	一ㄥ ing	ㄨㄥ ueng	ㄩㄥ iong

【付記】

1. 注音字母の「一ㄣ」は漢語ピンインでは「in」になる。
2. 注音字母の「一ㄥ」は漢語ピンインでは「ing」になる。
3. 注音字母の「ㄩㄥ」で漢語ピンインでは「iong」になる。
4. 注音字母と漢語ピンインの対照表は、初級入門の教材:楽大維 (2017)『今日からはじめる台湾華語』白水社に詳しいものが掲載されており、是非参照されたい。

編者・監訳者・訳者紹介

編／監訳
林　初梅（りん　しょばい）
大阪大学言語文化研究科准教授。専門：言語社会学、近現代台湾研究。
主要業績：『「郷土」としての台湾──郷土教育の展開にみるアイデンティティの変容』（東信堂、2009 年）。『台湾のなかの日本記憶──戦後の「再会」による新たなイメージの構築』（共著、三元社、2016 年）。「国語と母語のはざま──多言語社会台湾におけるアイデンティティの葛藤」『LANGUAGE AND LINGUISTICS IN OCEANIA』VOL.10, 2018 年など。

監訳
古川　裕（ふるかわ　ゆたか）
大阪大学言語文化研究科教授。専門：現代中国語学、対日本人中国語教育。
主要業績：『チャイニーズ・プライマー』（東方書店、2001 年）。『超級クラウン中日辞典』（共編、三省堂、2008 年）。『対日汉语语法教学法』（共著、北京語言大学出版社、2013 年）など。

訳
中田　聡美（なかた　さとみ）
大阪大学言語文化研究科講師。専門：現代中国語学。
主要業績：「"是＋VP"结构中"是"的现实性及其情态义」（『中国語文法研究』第 4 期、2015 年）、「二音節副詞＋"是"に関する一考察」（『中国語教育』第 14 号、2016 年）、「"V 了＋有＋数量構造"に関する認知的考察──"V 了＋数量構造"との比較を通して」（『現代中国語研究』第 20 期、2018 年）など。

訳
輿水　凛（こしみず　りん）
2018 年 3 月大阪大学外国語学部中国語専攻卒業。同年 4 月より東京大学大学院教育学研究科比較教育社会学コース修士課程在籍。

205

原書神話伝説採集＆イラスト

上巻
○アミ族
　神話伝説採集：馬耀・基朗
　イラスト：林順道
○プユマ族
　神話伝説採集：林志興
　イラスト：陳建年
○タオ族
　神話伝説採集：希南・巴娜姐燕
　イラスト：席・傑勒吉藍
○パイワン族
　神話伝説採集：亞榮隆・撒可努
　イラスト：見維巴里
○ルカイ族
　神話伝説採集：奧威尼・卡露斯
　イラスト：伊誕・巴瓦瓦隆

下巻
○ブヌン族
　神話伝説採集：阿浪・滿拉旺
　イラスト：陳景生
○サオ族
　神話伝説採集：簡史朗
　イラスト：陳俊傑
○ツォウ族
　神話伝説採集：巴穌亞・迪亞卡納
　イラスト：阿伐伊・尤于伐那
○サイシャット族
　神話伝説採集：潘秋榮
　イラスト：賴英澤
○タイヤル族
　神話伝説採集：里慕伊・阿紀
　イラスト：瑁瑁・瑪邵

TAIWAN INDIGENE : MEANING THROUGH STORIES
Copyright © 2016 Green Future Publishing Co.,Ltd.
All rights resvered
Originally Traditional Chinese editions published by Green Future Publishing Co.,Ltd.
This Japanese translation rights arranged through Chu-Mei Lin

Sponsored by Ministry of Culture & Ministry of Education, Republic of China (Taiwan)

原著作物書名：台湾原住民的神話与伝説（1 セット 10 冊）
原著作物総企画者：『山海文化』孫大川 Pa'labang
原著作物発行者：幸福緑光股份有限公司
原書 ISBN：978-957-696-833-4

日本語と華語の対訳で読む　台湾原住民の神話と伝説　上巻
アミ族、プユマ族、タオ族、パイワン族、ルカイ族

発行日　　　2019年11月30日　初版第1刷発行

原著総企画者　『山海文化』孫大川 Pa'labang
編　者　　　林初梅
監　訳　　　古川裕、林初梅

装　幀　　　臼井新太郎

発行所　　　株式会社 三元社
　　　　　　〒113-0033　東京都文京区本郷1-28-36鳳明ビル
　　　　　　電話 03-5803-4155　FAX 03-5803-4156
　　　　　　郵便振替 00180-2-119840

印刷＋製本　モリモト印刷 株式会社

Japanese edition © Chu-Mei Lin 2019
ISBN978-4-88303-497-0
Printed in Japan